KB167392

_____ 학교 _____ 학년_____반 _____ 의 책이에요.

신나는 **교과 체험학습** 시리즈 이렇게 활용하세요!

'체험학습'이란 책이나 수업 시간에 배운 지식을 실제 현장에서 직접 경험해 보는 공부 방법이에요. 단순히 전시된 물건을 관람하거나 공연을 보는 것이 아니라 학습을 하기 전에 미리 필요한 정보를 조사하는 것까지를 포함한 모든 활동을 의미해요. 어떻게 공부할 것인지를 준비하면 그렇지 않은 경우보다 훨씬 더 많은 것을 보고 느끼게 되겠지요. 이 책은 체험학습을 하려는 어린이들에게 좋은 길잡이 역할을 할 거예요.

❶ 가기 전에 읽어 보세요

이 책은 체험학습 현장을 어린이들이 쉽게 이해할 수 있도록 풀이한 안내서예요. 어린이들이 직접 체험학습 현장을 찾아가는 데 필요한 정보가 들어 있어요. 체험학습 현장을 가기 전에 꼼꼼히 읽어 보세요.

❷ 현장에서 비교해 보세요

제주도의 역사와 문화를 직접 현장을 찾아가서 살펴볼 수 있도록 사진과 함께 자세하게 설명해 놓았어요. 제주도의 역사를 배울 수 있는 유적지를 중심으로 땅과 사람의 역사를 알 수 있도록 구성하여 제주도에 대해 자세히 배울 수 있어요.

❸ 스스로 활동해 보세요

이 시리즈는 단지 지식을 전달하기 위한 교양서가 아니에요. 어린이 여러분이 교과서로 수업 시간에 배운 내용을 실제 현장에서 직접 체험하며 익힐 수 있도록 다양한 활동 내용을 담았지요. 책 중간이나 뒷부분에 이해를 돕기 위한 활동이 있으니 꼭 스스로 정리해 보세요.

❹ 견학 후 활동이 다양해요

체험학습 후에는 반드시 여러 가지 활동을 해 보세요. 보고서 쓰기, 신문 만들기, 그림 그리기 등 다양한 활동을 통해 체험학습에서 보고 들은 내용을 다시 한번 정리하면 알찬 체험학습이 될 거예요.

신나는 교과 체험학습 69

자연의 신비를 간직한 평화의 섬 제주도

초판 1쇄 발행 | 2008. 10. 16.
개정 3판 4쇄 발행 | 2023. 11. 10.

글 양영훈 | **그림** 양민숙, 양은정

발행처 김영사 | **발행인** 고세규
등록번호 제 406-2003-036호 | **등록일자** 1979. 5. 17.
주소 경기도 파주시 문발로 197(우10881)
전화 마케팅부 031-955-3100 | 편집부 031-955-3113~20 | 팩스 031-955-3111
사진 양영훈 제주특별자치도청 제주돌문화공원 제주4·3평화기념관 평화박물관 신우영

값은 표지에 있습니다.
ISBN 978-89-349-9201-1 64000
ISBN 978-89-349-8306-4 (세트)

좋은 독자가 좋은 책을 만듭니다. 김영사는 독자 여러분의 의견에 항상 귀 기울이고 있습니다.
전자우편 book@gimmyoung.com | 홈페이지 www.gimmyoungjr.com

어린이제품 안전특별법에 의한 표시사항

제품명 도서 제조년월일 2023년 11월 10일 제조사명 김영사 주소 10881 경기도 파주시 문발로 197
전화번호 031-955-3100 제조국명 대한민국 ⚠주의 책 모서리에 찍히거나 책장에 베이지 않게 조심하세요.

자연의 신비를 간직한 평화의 섬

제주도

글 양영훈 그림 양민숙, 양은정

주니어김영사

차례

제주도에 가기 전에

바닷속에서 화산이 폭발해 생겨난 섬인 제주도는 매우 독특하고 이국적이에요. 섬의 한가운데 우뚝 솟아 있는 한라산을 중심으로 드넓은 초원 지대가 펼쳐지고, 한라산 고원 지대부터 바닷가와 섬에 이르기까지 곳곳마다 숱한 오름이 올망졸망 늘어서 있어요. 제주도는 자연환경뿐 아니라 역사와 문화도 육지와 많이 달라요. 신비롭고 아름다운 섬 제주도를 잘 살펴보기 위한 준비 과정을 알아봐요.

좌보미오름에서 바라본 한라산

제주도로 가는 여러 가지 방법

비행기

각 항공사의 여객기가 서울, 부산, 대구, 인천, 광주, 청주, 여수, 진주(사천), 포항 등지에서 운항해요. 주말이나 휴일, 휴가철에는 한꺼번에 사람들이 몰리기 때문에 미리 예약해야 해요. 개인 여행객들을 모아 공동 구매 형식으로 구입하는 할인항공권을 이용하면 좋아요.

배

부산, 인천, 목포, 완도, 녹동(고흥) 등의 여객선터미널에서 승객과 차량을 함께 실어 나르는 제주행 여객선이 운항해요. 그 가운데서도 제주도까지의 운항 시간이 가장 짧은 곳은 완도항이에요. 한일 카페리1호(문의 1688-2100)는 완도에서 제주까지 2시간 50분 정도 걸려요.

미리 준비하세요

준비물 필기도구, 사진기, 관광 안내 지도, 교통비, 《제주도》 책

코스 만들기

우리나라에서 가장 큰 섬인 제주도는 지역별로 나누어 둘러보는 것이 좋아요. 여러 개의 코스를 미리 만들어서 계획성 있게 여행하세요.

1. 제주 시내
용두암→용연→용담동 고인돌→관덕정(제주목관아)→제주읍성(오현단)→삼성혈→제주특별자치도 민속자연사박물관→모충사(김만덕의 묘)→국립제주박물관→삼양동 마을 유적→불탑사(원당사) 오층석탑
옛 탐라국 시대부터 지금까지 제주도의 정치, 경제, 행정의 중심지인 제주 시내와 그 부근의 역사 유적을 둘러보는 코스예요.

2. 동부 지역
조천진(연북정)→조천 만세동산→북촌리 바위그늘유적→김녕사굴→만장굴→세화 해안도로→해녀박물관→별방성지→하도리 철새도래지→종달리 조개잡이 체험어장→성산일출봉→우도팔경→섭지코지→온평리 환해장성→혼인지→성읍민속마을
왜구들의 침입이 유독 많았던 성산포를 중심으로 한 동부 해안은 왜구의 침입에 대비한 유적들이 아직까지도 많이 남아 있어요.

3. 서귀포 일대
돈내코계곡→쇠소깍→정방폭포→천지연폭포→서귀포층 패류화석지→황우지해안→외돌개→막숙물통→지삿개해안→갯깍 주상 절리대, 다랑쉬굴→논짓물→대평리 박수기정→군산→안덕계곡
서귀포 일대의 역사, 자연사 유적을 둘러보는 코스예요. 대부분 바닷가에 위치해 있어서 여름철 여행을 겸한 역사 기행 코스로 좋아요.

4. 서부 지역
항파두리성→새별오름→추사유배지→대정읍성→삼의사비→대정향교→산방산→하멜 상선 전시관→용머리해안→일오동굴→송악산→섯알오름→알뜨르비행장 터→가마오름(평화박물관)→한림공원(협재굴, 쌍용굴)→비양도
제주도의 서남쪽 끝에 위치한 송악산 일대에는 유달리 일제 강점기 때의 군사 시설이 많아요. 배를 타고 가면 국토 최남단인 마라도도 둘러볼 수 있어요.

한눈에 보는 제주도

비양도
한림항에서 하루 두 번씩 여객선이 다녀요. 섬이 크지 않은 데다가 해안일주도로가 잘 되어 있어서 섬을 걸어서 둘러볼 수 있어요. 섬 한복판의 비양봉 정상에는 고려 때에 화산이 폭발한 분화구가 있어 직접 확인할 수 있어요.

곽지해수욕장

항파두리성

용두암

관덕정 삼성혈

제주특별자치도
민속자연사박물관

한라산

비양도

빌레못동굴

협재굴

가마오름(평화박물관)

추사유배지

산방굴사

여미지식물원

알뜨르비행장 터

천지연폭포 정방폭포

가파도

마라도

마라도
우리나라 가장 남쪽에 있는 섬으로 대정읍 모슬포항에서 남쪽으로 11킬로미터 떨어진 곳에 있어요. 해안은 오랜 해풍의 영향으로 기암절벽을 이루고 있으며, 섬 전체가 고구마 모양이에요. 모슬포항과 송악산에서 배가 운항돼요.

제주도는 도로가 잘 발달되어 있어서 대중교통을 이용하여 여행하기 좋은 곳이에요. 이 책은 시대별로 관련된 유적지나 관광지를 살펴보도록 구성되어 있어요. 제주도를 알차게 여행하려면 제주도 공식 관광 정보 포털(www.visitjeju.net)에 접속해서 제주도를 여행하는 데 필요한 정보인 숙박, 음식, 교통 등을 미리 알아보세요.

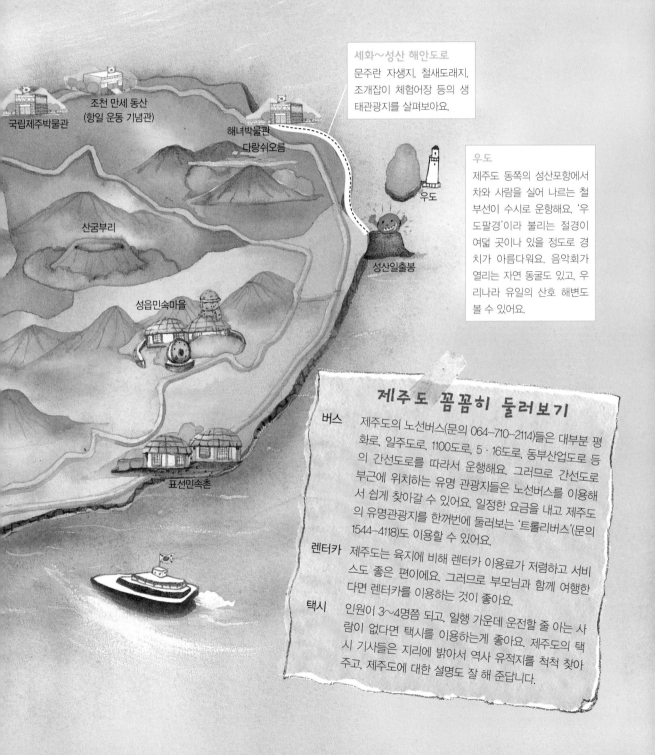

세화~성산 해안도로
문주란 자생지, 철새도래지, 조개잡이 체험어장 등의 생태관광지를 살펴보아요.

국립제주박물관

조천 만세 동산 (항일 운동 기념관)

해녀박물관
다랑쉬오름

산굼부리

성읍민속마을

표선민속촌

우도

우도
제주도 동쪽의 성산포항에서 차와 사람을 실어 나르는 철부선이 수시로 운항해요. '우도팔경'이라 불리는 절경이 여덟 곳이나 있을 정도로 경치가 아름다워요. 음악회가 열리는 자연 동굴도 있고, 우리나라 유일의 산호 해변도 볼 수 있어요.

성산일출봉

제주도 꼼꼼히 둘러보기

버스 제주도의 노선버스(문의 064-710-2114)들은 대부분 평화로, 일주도로, 1100도로, 5·16도로, 동부산업도로 등의 간선도로를 따라서 운행해요. 그러므로 간선도로 부근에 위치하는 유명 관광지들은 노선버스를 이용해서 쉽게 찾아갈 수 있어요. 일정한 요금을 내고 제주도의 유명관광지를 한꺼번에 둘러보는 '트롤리버스'(문의 1544-4118)도 이용할 수 있어요.

렌터카 제주도는 육지에 비해 렌터카 이용료가 저렴하고 서비스도 좋은 편이에요. 그러므로 부모님과 함께 여행한다면 렌터카를 이용하는 것이 좋아요.

택시 인원이 3~4명쯤 되고, 일행 가운데 운전할 줄 아는 사람이 없다면 택시를 이용하는게 좋아요. 제주도의 택시 기사들은 지리에 밝아서 역사 유적지를 척척 찾아 주고, 제주도에 대한 설명도 잘 해 준답니다.

독특한 문화를 뽐내는 제주도

맑은 날에 남해의 진도나 완도, 또는 해남의 높은 산꼭대기에 올라서면 바다 저편에 제주도가 아스라이 보이는 경우가 있어요. 그런데 수평선 위로 불쑥 솟아올라 있는 제주도는 마치 하나의 커다란 산처럼 보여요. 한가운데에 우뚝 솟은 한라산을 중심으로 섬 전체가 완만한 지형을 이루는 순상 화산이기 때문이지요. 그래서 '제주도가 곧 한라산이고, 한라산이 곧 제주도'라고 말하기도 해요.

약 120만 년 전부터 5단계의 화산 폭발로 만들어진 제주도의 땅은 수억 년의 역사를 지닌 한반도에 비해 훨씬 젊다고 할 수 있어요. 고구려·백제·신라가 자리를 잡고 있던 삼국 시대에 비로소 '탐라(제주도)'는 독립적인 국가 형태를 갖추었어요. 지금

구좌읍 송당리의 아부오름 분화구와 멀리 보이는 한라산

도 제주도의 풍속과 방언은 섬이라는 지형적 특성으로 인해 육지와는 뚜렷한 차이가 있어요. 육지에서 건너온 관광객들이 제주도의 토박이 어른들이 나누는 대화를 제대로 알아듣기 힘들 정도로 제주도의 문화는 육지와 많이 달라요.

이렇듯 제주도는 낯설고 특이한 점이 많지만 땅이 어느 한구석 모난 데가 없고 경사가 완만하여 마음이 푸근해지는 곳이에요. 더욱이 역사와 관련된 유적지가 잘 보존되어 있어서 볼거리가 많은 섬이랍니다.

그럼 이제 제주도의 역사를 살펴보러 떠나 보아요.

신비로운 화산섬, 제주도

제주도는 지금으로부터 약 120만 년 전부터 2만 5천 년 전 사이에 5단계의 화산 활동을 거쳐 형성되었어요. 맨 처음 바다에서 화산이 폭발하여 거대한 땅덩어리가 솟아난 후 여러 차례의 화산 폭발로 한라산과 수많은 오름들, 용암동굴과 섬들이 생겨났어요. 그래서 화산섬 제주도에는 육지에서는 찾아보기 어려운 지형이 참 많아요.

바닷가에서 맑게 콸콸 솟는 용천수, 비가 올 때만 물이 흐르는 건천, 바닷가 절벽에 있는 육각형 모양의 돌기둥인 주상 절리, 거대한 터널과도 같은 용암동굴, 왕릉처럼 봉긋봉긋 솟은 오름 등은 제주도의 독특한 자연유산이에요. 특히 한라산, 거문오름 용암동굴계, 성산일출봉은 학술적 가치가 높고 경치가 아름다워서 2007년에 유네스코 세계자연유산으로 등재되었어요.

그럼 지금부터 제주도 땅이 생겨난 이야기를 살펴보아요.

동굴 탐험을 시작해 볼까?

제주도는 어떻게 생겨났을까?

화산섬 제주도는 신생대 제3기 말에서 신생대 제4기에 걸친 화산 활동으로 만들어졌어요. 신생대 제3기 말 용암이 바다에서 분출되기 시작하여 신생대 제4기 동안 화산 활동이 계속되었어요.

제주도에서 일어난 화산 활동은 120만 년 전부터 2만 5천 년 전까지 크게 5단계로 이루어졌어요. 제주도는 다섯 차례의 화산 분출기를 거치면서 독특한 자연환경을 갖게 되었어요. 한라산과 오름, 계곡, 동굴 등이 발달하였고, 현무암 덩어리로 이루어진 바위와 해식애, 주상 절리가 발달해 휘몰아치는 파도와 어우러진 경치를 볼 수 있어요.

지금부터 5단계에 걸친 제주도의 화산 분출 과정을 살펴보아요.

오름
화산 폭발로 생겨난 작은 봉우리예요.

해식애
해식과 풍화 작용에 의해 해안에 생긴 낭떠러지예요.

서귀포시 성산읍의 신천 목장은 바닷가 용암 대지에 자리잡고 있어요. 용암 대지는 바닷속에 있다가 화산 폭발로 솟아오른 땅덩이를 말해요.

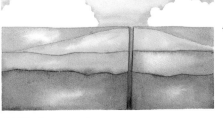

서귀포시 성산읍 신천 목장

산방산이 솟아오르는 과정에서 바다에 있던 해식동굴인 산방굴이 산중턱에 위치하게 됐어요. 해식동굴은 파도나 조류 등으로 인한 침식 작용으로 생긴 동굴이에요.

산방산 중턱의 산방굴

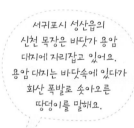

제1분출기(120만 년 전)
바닷속에 잠겨 있던 땅덩어리가 화산 폭발로 인해 바다 위로 솟아올랐어요. 서귀포시 '서귀포층'에서 약 200~300만 년 전의 것으로 보이는 해양 생물의 화석이 발견되었다는 것은 바닷속에서 만들어진 지층이 바다 위로 솟아올랐다는 의미예요.

제2분출기(120만 년~70만 년 전)
지금과 비슷한 모양의 제주도가 만들어졌어요. 대규모의 화산 폭발과 함께 잘 흐르는 용암이 흘러나와 넓고 평평한 용암 대지가 만들어졌어요. 또한 바닷속에서도 화산 폭발이 일어나 성산일출봉, 산방산 등의 오름이 생겨났어요.

서귀포층 패류화석지

바닷속에 잠겨 있다가 솟아오른 '서귀포층'은 약 200~300만 년 전에 형성된 퇴적층으로, 조개 화석을 비롯한 갖가지 동물 화석이 발견되고 있어요. 서귀포층에서 화석으로 발견된 조개들 중에는 제주도보다 더 남쪽에 있는 바다에서 발견되는 것들이 있어요. 이것은 서귀포층이 생길 무렵의 바다가 지금보다 훨씬 더 따뜻했음을 말해 주지요. 서귀포층 패류화석지는 서귀포층이 쌓일 당시의 환경과 이곳에서 살던 바다 생물들의 모습을 알 수 있는 좋은 자료예요. 그래서 1968년에 천연기념물 제195호로 지정되었어요.

서귀포시 서홍동 잠수함 선착장 옆의 해안 절벽에 있는 서귀포층 패류화석지 전경이에요.

서귀포층 패류화석지에서 여러 가지 조개 화석이 발견되었어요.

좌보미오름 정상에서 바라보면 한라산과 수많은 오름들이 펼쳐져요.

한라산에서 바라본 수많은 오름들

오름 / 해수면 / 서귀포층 / 화산재 / 미고결 퇴적층 / 용암 / 기반암

제5분출기(10만 년 전~2만5천 년 전)
한라산 기슭과 제주도의 곳곳에서 크고 작은 화산이 잇달아 폭발하면서 수많은 기생 화산, 즉 오름들이 생겼어요. 한라산 정상에 백록담이라는 호수가 생긴 때도 이 시기예요.

화산 폭발로 흘러나온 용암은 많은 용암동굴을 만들었어요.

김녕굴 부근의 용암동굴

제3분출기(70만 년~30만 년 전)
제주도의 한복판에서 화산이 폭발해 약 950미터 높이의 한라산이 솟아났어요. 그리고 화산 폭발과 함께 흘러나온 용암은 잘 흘러서 먼 곳까지 흘러갈 수 있었지요. 그래서 오늘날과 같은 해안선이 만들어졌어요.

철쭉이 무리 지어 핀 윗세오름 평원 위로 우뚝한 한라산이 보여요.

한라산

제4분출기(30만 년~10만 년 전)
잘 흐르지 않는 용암이 분출되었어요. 이때 오늘날과 같은 높이의 한라산이 완성되었어요. 화산의 폭발과 함께 솟아난 용암은 멀리 흘러가지 못한 채 분화구 주변에 차곡차곡 쌓였어요.

제주도를 만든 설문대할망

할망
할머니를 가리키는 제주도 사투리예요.

제주도에는 아주 먼 옛날부터 섬이 만들어지게 된 여러 가지 이야기가 전해 오는데, 그중 대표적인 이야기가 설문대할망 전설이에요. 지금부터 설문대할망 이야기를 살펴보기로 해요.

어느 날 설문대할망은 치마폭에 흙을 담아 나르기 시작했어요. 그러자 커다란 산 하나가 완성되었어요. 이 산은 은하수에 닿을 정도로 높은 산이라는 뜻으로 '한라산'이라 불렀어요. 또 할망 치마의 뚫린 구멍 사이로 떨어진 흙들은 '오름'이 되었대요. 그런데 한라산이 너무 높다고 생각한 할망은 맨 꼭대기의 봉우리를 뽑아서 바닷가로 던져버렸어요. 그 봉우리가 지금의 서귀포시 안덕면의 바닷가에 우뚝 솟은 '산방산'이에요.

설문대할망은 한라산을 머리에 베고 누우면 다리가 제주도 앞바다에 걸쳐질 만큼 커다란 거인이었어요. 그래서 빨래할 때는 한라산을 깔고 앉은 다음, 왼쪽 다리는 관탈섬(제주도 북쪽에 있는 무인도), 오른쪽 다리는 마라도에

설문대할망의 죽음

설문대할망은 자신의 큰 키가 자랑거리였어요. 그래서 제주도의 깊은 물들 가운데 자신의 키보다 더 깊은 곳이 있는지 시험해 보기로 했어요. 먼저 제주시 용담동의 '용소'가 깊다고 해서 들어가 보니 물이 발등에 닿았대요. 다음에는 서귀포시 서홍리의 '홍리물'이 깊다고 해서 들어가 보니 무릎까지만 물에 잠겼어요. 그러다 마침내 한라산 기슭에 위치한 '물장오리'에 들어갔다가 영영 빠져나오지 못하고 말았어요. 물장오리는 밑바닥이 터져 있어서 한없이 깊기 때문이래요.

설문대할망은 한라산을 깔고 앉아 빨래를 할 만큼 거인이었어요.

설문대할망의 죽음에 얽힌 또 다른 이야기

설문대할망에게는 오백 명의 아들이 있었어요. 흉년이 심하게 들었던 어느 해 아들들을 위해 죽을 끓이다 할망이 죽솥에 빠져 죽었어요. 할망의 죽음을 슬퍼한 아들들이 돌이 되었는데, 이것이 한라산 영실에 있는 오백장군이에요.

병풍처럼 늘어선 이 돌기둥들을 오백나한 또는 오백장군이라고 해요.

걸쳐 놓았다고 해요. 또 설문대할망이 오줌을 쌌는데 그 오줌줄기가 너무 세서 땅 한 조각이 뚝 떨어져 나가 지금의 우도가 되었다고 전해지기도 해요.

설문대할망은 덩치가 너무 커서 제대로 된 옷이 없었어요. 그래서 제주도 사람들에게 속옷 한 벌만 만들어 주면 육지까지 다리를 놓아 주겠다고 약속했어요. 할망의 속옷을 만들려면 명주 1백 필이 필요했는데, 사람들이 모은 명주는 99필밖에 되지 않았어요. 결국 설문대할망의 속옷을 만들지 못하자 설문대할망이 다리 공사를 중단해 버려 제주도가 섬으로 남았다고 전해져요.

설문대할망 페스티벌
제주시 조천읍 교래리에 위치한 제주돌문화공원에서는 매년 5월 설문대할망 페스티벌을 열어요. 설문대할망제, 제주 전통 음식 체험, 제주 소리한마당, 전통차 시연, 상징탑 쌓기 체험 행사와 전설 상영 등을 통해 설문대할망 전설을 널리 알리고 있어요.
문의 : 064-710-6631

한쪽 발은 성산읍 오조리의 식산봉에, 다른쪽 발은 성산일출봉에 디디고 앉아 오줌을 누었어요.

바닷가에 우뚝 선 성산일출봉

성산일출봉은 제주도의 동쪽 끝 바닷가에 우뚝 솟은 오름이에요. 약 10만 년 전에 엄청난 규모의 수중 화산 폭발로 인해 생겨난 이 봉우리는 원래 섬이었다고 해요. 그러나 수만 년의 세월이 흐르는 동안 파도에 밀려온 모래와 자갈이 조금씩 쌓여 지금으로부터 1만 년 전쯤에 폭 500미터, 길이 1.5킬로미터의 모래톱(모래 사장)이 생겨서 육지와 연결되었대요. 이 일대를 '터진목'이라고 불러요.

성산일출봉의 정상은 해발 182미터에 불과해요. 하지만 수백 개의 계단이 놓인 가파른 등산로를 20~30분 정도 올라가야 해서 정상까지 오르는 일이 쉽진 않아요. 가는 길은 좀 힘들어도 일단 99개 봉우리가 빙 둘러쳐진 정상에 올라서면 고생스럽던 기억은 순식간에 사라져

해발
바다의 평균 수면을 기준으로 하여 잰 어느 지점의 높이를 말해요.

섭지코지에서 바라본 성산일출봉

성산일출봉도 원래는 섬이었구나.

요. 상쾌한 바람과 함께 탁 트인 전망이 감탄을 자아 내지요. 게다가 쾌청한 날 동이 틀 무렵이라면, 예로 부터 영주십경 중 으뜸으로 꼽혀 온 성산일출의 장관 을 감상할 수 있어요.

영주십경 중 하나인 성산일출봉의 해돋이 모습이에요.

성산일출봉 전체와 주변 1킬로미터 이내의 바다는 '성산일출봉 천연보호구역 (천연기념물 제420호)'으로 지 정되어 있어요. 지형이나 경치 등이 독 특하고 주변 바다에는 총 127종의 다양 한 해조류가 자라고 있어서 학술적 가치 가 매우 높은 곳이거든요. 한때 말들이 한가롭게 풀을 뜯고, 관광객들도 자유롭 게 산책할 수 있었던 성산일출봉의 분화 구 안은 천연보호구역으로 지정되면서 출입이 금지됐어요. 아쉬운 일이긴 하지 만 한라산, 거문오름 용암동굴계와 함께 세계자연유산으로 지정되어 그 아름다움 과 가치를 전 세계적으로 인정받고 있는 곳인 만큼 자연 그대로를 보호하고 지켜 주는 것이 우선이겠지요?

영주십경

제주도를 대표하는 열 가지의 멋진 풍경을 말해요. 조선 후 기의 문인 매계 이한우(1823~1881)가 자신의 문집에 제주 에서 가장 아름다운 열 가지 풍경을 가리켜 영주십경이라 이름지었어요. 성산봉에 올라 아침 해가 솟아오르는 것을 보는 일(성산일출), 사라봉에 올라 저녁노을을 바라보는 일(사봉낙조), 들렁귀에서 봄꽃 구경(영구춘화), 여름에 정방연에서 폭포 구경(정방하폭), 귤림서원의 가을빛(귤 림추색), 백록담에 쌓인 겨울눈(녹담만설), 영실계곡의 기 이한 바위(영실기암), 산방산의 굴속 절(산방굴사), 산지 포구에서의 고기잡이(산포조어), 태고적 숲에서 말 기르는 일(고수목마) 등 열 가지예요.

성산일출봉의 분화구는 99개의 크고 작은 봉우리에 둘러싸 여 있어요.

15

오름이 뭔가요?

제주시 구좌읍 종달리의 용눈이오름 정상에서 바라보면 많은 오름들과 한라산이 보여요.

오름은 동사 '오르다'에서 비롯된 말이에요. '화산 폭발로 생겨난 크고 작은 봉우리'가 바로 오름이지요. 학자들은 기생화산, 또는 측화산이라고 불러요. 제주도에는 대략 5제곱킬로미터마다 하나씩 오름들이 있어요. 특히 제주시 구좌읍 송당리 일대에는 오름이 유난히 많아서 오름 옆에도 오름이 있고, 앞과 뒤에도 오름이 솟아 있을 정도예요. 그야말로 '오름의 천국'이라고 해도 지나친 말이 아니겠죠? 이처럼 많은 오름들은 대부분 제5분출기인 10만~2만 5천 년 전 사이에 생겨났어요.

오름의 분화구 모양도 아주 독특해요. 아부오름이나 다랑쉬오름처럼 둥그런 원형이 있는가 하면, 용눈이오름과 비치미오름 같이 분화구의 한쪽이 툭 터진 말굽형도 있어요. 또한 붉은오름처럼 하나의 분화구에 원형과 말굽형이 뒤섞인 것도 있고, 산방산처럼 아예 분화구가 없는 오름도 여럿 있어요. 그리고 따라비오름은 커다란 원형 분화구 안에 3개의 작은 분화구가 있는 특이한 형태예요.

앞에서 살펴보았듯이 설문대할망이 한라산을 만들려고 치마폭에 담아 나르던 흙이 떨어져 오름이 되었다고 전해져요. 또, 높은 봉우리들을 주먹으로 쳤더니 움푹한 '굼부리', 즉 분화구가 되었다고도 전해져요.

따라비오름은 커다란 원형 분화구 안에 작은 분화구 3개가 있는 형태예요.

마르형 분화구, 산굼부리

산굼부리의 분화구 안에는 다양한 희귀식물이 자라고 있어요.

봉우리의 높이보다 분화구의 깊이가 훨씬 더 깊은 오름도 있어요. 대표적인 것이 이미 오래전에 관광지로 개발되어 많은 사람들이 찾는 산굼부리예요. 마치 분화구가 없는 것처럼 보이는 산굼부리는 하늘을 향해 커다란 입을 벌리고 있는 듯한 모양을 하고 있어요. 이런 형태의 분화구를 마르(maar)형 분화구라고 하는데, 우리나라에는 산굼부리 하나뿐이에요. 한라산 정상의 백록담보다도 17미터나 더 깊다는 산굼부리 분화구 안에는 420여 종의 다양한 식물들이 자라고 있어요. 천연기념물 제263호로 지정해 보호하고 있답니다.

정상에 한라산의 백록담 같은 화구호가 있는 오름들도 많아요. 물장올, 어승생악, 원당봉, 금오름, 거문오름, 사라오름, 물영아리, 동수악 등이 바로 그런 오름들이에요. 그중 물영아리의 분화구에는 일 년 내내 마르지 않는 물이 늪처럼 고여 있어요.

마르형 분화구는 우리나라에서 산굼부리 하나뿐이구나!

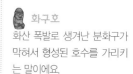

화구호

화산 폭발로 생겨난 분화구가 막혀서 형성된 호수를 가리키는 말이에요.

금오름 정상에는 백록담과 같은 작은 화구호가 형성되어 있어요.

제주 사람들의 삶의 터전, 오름

좋은 풀 먹고, 어서 자라렴!

제주도 중산간 지대의 오름

제주 사람들에게 오름은 어떤 존재일까요? 오름은 조상 대대로 피와 땀, 눈물로 일궈 온 삶의 터전이랍니다.

제주도의 한라산과 해안 지방 사이의 해발 200~600미터 정도 되는 곳을 중산간 지대라고 해요. 이곳은 외적들의 노략질로부터 안전할 뿐만 아니라, 농사를 짓거나 소와 말을 놓아기르는 목장과 가까워서 사람이 살기에 좋았어요. 오름 기슭에서 사는 사람들은 오름과 오름 사이의 기름진 버덩*을 일궈서 보리나 감자를 심고, 풀밭으로 뒤덮인 오름과 그 주변의 드넓은 황무지에는 마을의 공동 목장을 만들어서 소나 말을 놓아길렀어요. 중산간 지대에서도 물을 구하기 쉬운 오름 주변에 사람들이 모여들었기 때문에 오름 근처에 형성된 마을의 규모는 바닷가 마을보다 훨씬 컸어요.

오름은 살아 있는 자들의 삶의 터전일 뿐만 아니라 죽은 이들의 쉼터이기도 해요. 오름 기슭에서 살다가 죽은 사람들은 오름을 떠나지 않고 양지바른 동쪽이나 남쪽 기슭에 마련된 무덤에 묻혔어요. 살아 있는 사람들에게는 조상이 신과 다름없는 존재였어요. 조상을 정성껏 모시면 언젠가는 가난에서 벗어날 수 있다고 믿었지요. 그러

무덤 주위에 산담을 쌓아 무덤을 보호했어요.

산담

서귀포시 표선면 성읍리 좌보미오름에 있는 무덤들

므로 무덤에 쏟은 정성도 남다를 수밖에 없었어요. 무덤 주위에 돌을 쌓아 네모반듯한 '산담'을 만들어, 말이나 소가 들어가지 못하도록 했어요. 뿐만 아니라 잡귀로부터 무덤을 지키는 동자석을 세우기도 했어요.

숱한 전설과 설화를 낳은 오름은 신성한 곳으로 여겨 왔어요. 제주도에는 마을마다 오름이 있고, 그 오름마다 대부분 당신*을 모신 당집이 있었는데, 지금도 간혹 남아 있기도 해요. 제주시 구좌읍 송당리의 본향당*이 위치한 당오름과 같이 아예 지명이 '당오름'으로 붙여진 곳도 있답니다.

제주도의 오름은 부당한 외세에 맞서 제주도 사람들이 항쟁하던 곳이자, 피눈물 어린 역사의 현장이기도 해요. 애월읍 항파두리성 북쪽의 파군봉과 한라산 중턱의 붉은 오름은 고려 시대 삼별초군의 마지막 항전지였고, 애월읍 봉성리의 새별오름은 고려의 명장 최영 장군이 제주도의 지배자였던 목호*들과 싸운 곳이에요. 조선 시대에 들어서는 왜적의 침입을 알리거나 감시하는 연대*와 봉수대가 설치됐으며, 또한 일제 강점기에는 수많은 제주도 사람들이 강제로 동원되어 성산 일출봉, 송악산, 모슬봉, 어승생악, 가마오름, 사라봉 등지에 일본의 군사 요새를 만들기도 했어요. 해방된 이후 제주 4·3사건 당시에는 같은 민족끼리 맞서던 곳이기도 했어요. 새별오름, 새미오름, 볼레오름 등은 무장 유격대의 근거지였고, 명도암오름은 우익 토벌대에 쫓긴 중산간 주민들의 피난처였답니다. 또한 섯알오름, 다랑쉬오름 등에서는 제주 4·3사건 당시 많은 주민들이 학살되기도 했어요.

오름에 얽힌 자세한 이야기는 뒷부분에서 시대별로 살펴보기로 해요.

* 버덩 : 높고 평평하며 나무없이 풀만 우거진 거친 들을 말해요.
* 당신 : 집과 마을을 지켜 주는 신, 즉 수호신이에요.
* 본향당 : 마을의 가장 큰 신을 모신 곳을 말해요.
* 목호 : 고려 시대에 제주도에서 말을 기르던 몽골인을 가리켜요.
* 연대 : 적이 침입했을 때 연기나 불을 피워 신호를 올리던 해안가에 위치한 옛날의 통신 시설이에요.

세계적인 규모의 용암동굴

앞에서 살펴본 제주도가 만들어진 시기 중 제3분출기는 해안 지대가 형성된 시기예요. 이때 제주도 곳곳에 용암동굴이 생겼지요.

10만 년 동안 멈춰 있던 화산 활동이 다시 시작되면서 분출한 제3분출기의 용암들은 점성이 작았어요. 그래서 제주도의 해안가까지 용암 대지를 형성할 정도로 넓게 흘러갈 수 있었던 것으로 보여요. 제주도 중심부에서 수십 번의 분출이 이루어졌지만 용암이 넓게 퍼졌기 때문에 이 시기의 한라산 높이는 950미터 정도밖에 되지 않았던 것으로 추정돼요. 제주도에서 한라산과 오름 못지않게 화산 지형의 특색을 잘 보여 주는 것이 바로 용암동굴이에요.

용암동굴은 뜨거운 용암이 땅바닥을 흐를 때, 공기 중에 드러난 용암 표면은 빨리 식어 굳어 버리는 반면, 내부는 온도가 보존되어 액체 상태의 용암이 계속 흘러 나가면서 빈 공간이 생겨 만들어진 것이에요. 현재까지 제주도에서는 100여 개의 용암동굴이 확인되었어요. 용암동굴 중에는 만들어질 당시에는 동굴들이 하나로 연결되었다가 용암지붕이 무너져 나누어진 동굴들도 있어요. 또한 이미 만들어진 용암동굴에 또 다른 용암이 들어가 일부분에 채워져 각각의 동굴이 되기도 했어요.

흔히 용암동굴은 동굴의 높이보다는 너비가 더 넓은 것이 많아요. 그런데 특이하게도 제주도에 있는 용암동굴들 중에는 너비보다는 동굴의 높이가 훨씬 높은 것도 있어요. 그건 용암이 동굴 내부를 계속 흘러 가면서 동굴 바닥을 녹이고 깎아서 깊어졌기 때문이에요.

점성
어떤 액체의 차지고 끈끈한 성질을 말해요.

만장굴과 같은 자연 동굴의 내부 온도는 사시사철 언제나 16~17도로 일정하기 때문에 여름에는 시원하고 겨울에는 따뜻해요.

두 마리 용이 빠져나가는 듯한 쌍용굴

한림공원 안에는 협재굴과 쌍용굴이 있어요. 이 동굴들은 천연기념물 제236호로 지정되어 있답니다. 동서로 갈라진 쌍용굴은 두 마리의 용이 굴 밖으로 빠져나가는 듯한 모양이어서 쌍용굴이라는 이름이 붙었어요.

세계에서 가장 긴 용암동굴, 만장굴

제주도의 대표적인 관광 동굴이자 세계적 규모의 용암동굴인 만장굴은 전체 길이가 1만 5798미터에 이르고, 굴의 입구도 세 곳이나 되는 큰 동굴이에요. 그중 제2입구인 '만쟁이거머리굴'만 일반인에게 공개하고 있어요. 더 이상 들어갈 수 없는 지점에는 높이 7.6미터의 우뚝한 돌기둥이 앞을 가로막아서 굴 입구로부터 1킬로미터

만장굴 안에 있는 거북바위

구간까지만 들어갈 수 있어요. 이 돌기둥은 만장굴의 천장이 무너지면서 흘러내린 용암이 굳은 용암 석주예요.

만장굴 내부에는 용암 종유석, 용암날개 등과 같은 2차 생성물이 곳곳에 만들어져 있어서 동화 속의 궁전처럼 웅장해요.

종유석과 석순이 특이한 협재굴

제주시 한림읍 협재리의 한림공원에 있는 협재굴은 길이가 약 100미터, 높이 5미터, 너비 10미터가량 되는 큰 동굴이에요. 협재굴은 용암동굴이면서도 석회동굴에서나 볼 수 있는 종유석과 석순이 있다는 점이 특이해요. 굴 밖에 쌓여 있던 패사가 오랜 세월 동안 빗물에 녹아서 동굴 안쪽으로 스며들어 지금과 같은 종유석과 석순이 만들어졌어요.

제주시 한림읍 한림공원 안에 위치한 협재굴 내부 모습이에요.

종유석
석회동굴의 천장에 고드름같이 매달린 석회석을 말하는데, 시간이 지날수록 아래쪽으로 더 길어져요.

석순
종유석과는 반대로 바닥위에 뾰족하게 솟은 석회석을 말해요. 대체로 종유석과 석순은 위아래에서 서로 마주 보며 자라요.

패사
조개껍데기가 부서져서 생긴 모래를 가리켜요.

21

바닷가의 돌기둥, 주상 절리

각이 진 돌기둥들이 빼곡하게 서 있는 것이 주상 절리구나!

서귀포시 대포동 지삿개해안의 주상 절리 모습이에요.

제주도의 바닷가를 돌아다니다 보면 마치 사람이 정교하게 다듬어 놓은 듯한 사각형, 또는 육각형의 돌기둥들이 빼곡하게 서 있는 곳을 여러 군데에서 볼 수 있어요. 이것을 주상 절리라고 불러요. 해안 지대가 형성된 제3분출기에 주로 생겨난 이 돌기둥들은 화산이 폭발할 때에 흘러나온 섭씨 1100도가량의 뜨거운 용암이 바닷물에 급속하게 식으면서 만들어진 것이에요. 물체의 온도가 갑자기 낮아지면 부피가 줄어드는데, 뜨거운 용암이 찬 바닷물에 의해 급격히 식으면 사각형이나 육각형의 현무암 돌기둥으로 변하게 된답니다. 제주

제주도의 돌들은 왜 구멍이 숭숭 뚫렸나요?

제주도의 돌은 대부분 화산 폭발과 함께 흘러나온 용암이 굳어진 현무암이에요. 그래서 표면이 거칠고 구멍이 많아요. 현무암에 숭숭 뚫려 있는 구멍들은 마그마*에 녹아 있던 수증기가 돌 속에 갇혀서 생긴 것이랍니다. 그래서 물에 뜰 정도로 가벼운 현무암도 있어요. 스티로폼과 같은 구조라고 할 수 있지요. 구멍이 많은 제주도 현무암은 비나 눈에 젖어 있어도 잘 미끄러지지 않아서 계단이나 디딤돌, 건물의 바닥 재료로 많이 쓰여요.

제주도의 현무암은 표면이 거칠고 구멍이 많은 것이 특징이에요.

* 마그마 : 땅속 깊은 곳에서 높은 열에 녹아 반액체 상태를 유지하는 물질이에요. 이 마그마가 화산 폭발로 인해 땅 위로 솟아나와 흘러내리는 상태를 용암이라고 해요.

도에서 주상 절리를 볼 수 있는 곳은 대포동과 예래동 해안, 범섬과 문섬, 안덕면 대평리의 박수기정 등과 같이 주로 남쪽의 서귀포시에 몰려 있어요. 그중에서도 특히 대포동 지삿개 해안의 주상 절리는 높이가 30~40미터, 폭이 약 1킬로미터로 우리나라에서 가장 규모가 커요. 2004년 천연기념물 제443호로 지정되었어요. 서귀포시

주상 절리로 이루어진 정방폭포의 모습이에요.

동쪽에 있는 정방폭포와 천지연폭포도 주상 절리로 이루어진 절벽에서 떨어지는 폭포랍니다.

여기서
잠깐!

주상 절리를 찾아라!

다음 중 주상 절리를 볼 수 없는 곳을 고르세요. (　　　　　)

①
지삿개 해안

②
문섬 해안

③
정방폭포

④
협재굴

☞ 정답은 112쪽에

제주도의 마지막 두 화산

🪨 **신증동국여지승람**
중종의 명에 따라 1530년에 〈동국여지승람〉을 새로 증보해서 만든 지리지예요. 역대 지리지 중 가장 종합적인 내용을 담고 있어요.

2만 5천 년 전, 한라산 백록담과 숱한 기생 화산들이 생겨난 이후로 제주도에서는 더 이상 화산이 폭발하지 않았을까요? 아니에요. 옛 문헌에는 마지막 화산 폭발 이후에 화산 폭발과 지진 활동이 모두 2회씩 더 발생했다고 기록돼 있어요. 조선 시대에 쓰여진 《신증동국여지승람》에서는 '고려 목종 5년(1002) 6월에 바다 가운데에서 산이 솟았다. 산에 네 개의 구멍이 터지고 붉은 물이 닷새 동안 솟구쳤다.'는 기록이 남아 있어요. 그때의 화산 폭발로 바다 한가운데에서 불쑥 솟아오른 섬이 바로 오늘날의 비양도예요. 지난 2002년에는 비양도 탄생 1천년 축제가 성대히 열리기도 했어요.

제주시 한림읍의 협재해수욕장 앞에 있는 작은 섬 비양도는 걸어서 1~2시간이면 섬 전체를 둘러볼 수 있어요. 비양도의 한복판에 솟은 비양봉에는 6개의 봉우리와 2개의 분화구가 있어요. 봄과 여름이면 비양도 곳곳에 갖가지의 야생화가 흐드러지게 피어나고, 가을에는 바람에 일렁이는 억새가 섬 전체를 은빛으로 물들여요. 또한 군데군데 천연 습지도 형

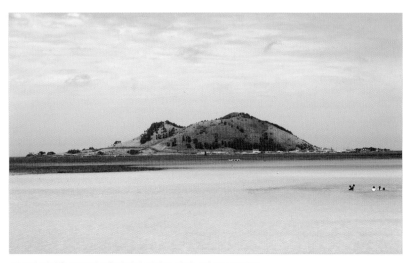

제주시 한림읍 금릉해수욕장에서 바라본 비양도의 모습이에요.

성돼 있어서 여러 종류의 철새가 날아들기도 해요. 비양도에 있는 '펄렁호'라는 연못에는 바닷물이 담겨 있고, 화산암 돌밭에 우뚝 솟은 용암 바위들의 생김새도 아주 특이해요. 비양도 일주도로를 반 바퀴쯤 돌면 이끼가 파랗게 낀 '애기 업은 돌'이라 불리는 거대한 바위가 나타나요. 화산 폭발의 영향으로 용암동굴에나 들어가야 볼 수 있는 용암 기둥들이 비양도에서는 해변에 우뚝 서 있어 특이한 풍경을 만들어내요.

비양도가 생겨난 다음인 1007년에도 화산 폭발이 있었다는 기록이 《고려사》에 나와요. 탐라에서 상서로운 산이 솟아났다고 하여 목종이 태학박사 전공지를 보냈어요. 전공지는 산 가까이에 다가가서 그 모양을 그려 왕에게 바쳤지요. 이 오름은 오늘날 서귀포시 안덕면 대평리에 위치한 군산으로 알려져 있어요.

'애기 업은 돌'에 얽힌 전설

'애기 업은 돌'이라 부르는 이 바위는 뭍으로 간 남편을 기다리다 갓난아기를 업은 채 죽은 여인이 망부석으로 변한 것이라는 전설이 전해져요.

천연기념물 제439호로 지정되어 있는 애기 업은 돌

고려 시대에 일어난 화산 폭발로 군산이 생겨났어요.

한림읍의 한림항으로 가면 비양도에 갈 수 있어요. 한림항에서는 비양도행 여객선인 비양호가 오전 9시, 오후 3시 하루에 두 차례 있답니다. 한림항에서 비양도까지 15~20분 정도 걸려요.

여기서 잠깐!

비양도에 가면 바위도 있고, 동굴도 있고?

다음 중 비양도에서 볼 수 없는 것은 무엇일까요? (   )

① 펄렁호   ② 용암 바위   ③ 용암동굴
④ 야생화와 억새   ⑤ 천연 습지

☞ 정답은 112쪽에

세계자연유산, 한라산의 동식물

삼신산
삼신산은 중국에도 있고, 우리나라에도 있어요. 우리나라에서는 금강산(봉래산), 한라산(영주산), 지리산(방장산)이 신선이 산다는 삼신산으로 꼽혀요.

자생
자연 상태에서 스스로 나고 자라는 것을 말해요.

특산 식물
어떤 특정한 지역에서만 자생하는 식물이에요.

한라산은 예로부터 삼신산의 하나로 꼽혀 왔어요. 정상까지의 높이가 해발 1950미터인 한라산은 남한에서 가장 높은 산이며, 1970년에 우리나라에서 일곱 번째 국립공원으로 지정되었어요. 한라산국립공원의 면적은 서울시 전체 면적의 4분의 1가량 되는 크기로 면적이 크지는 않지만, 식물의 종류만큼은 우리나라의 어느 산보다도 많답니다. 한라산에서 자라는 식물은 약 1800여 종이 있어요. 그중 300여 종은 지구상에서 오직 한라산에서만 자생하는 특산 식물이거나 멸종될 위기에 처한 희귀식물이지요. 이처럼 한라산은 생태학적으로 대단히 높은 가치를 지닌 곳으로 인정받아 1966년에는 천연보호구역(천연기념물 제182호)으로 지정되었고, 2007년에는 성산일출봉, 거문오름 용암동굴계와

한라산의 한대림에서 자라는 고산 식물

한라산의 식생 중 가장 독특한 것은 해발 1500미터 위쪽의 한대림이에요. 한라산의 여러 등산 코스 중 가장 많은 사람들이 이용하는 어리목 코스를 기준으로 하면 사제비동산(1424미터)을 지나서부터 한대림이 펼쳐지기 시작해요. 한대림에서 볼 수 있는 것은 주로 구상나무, 주목, 털진달래, 산철쭉, 돌매화 등 한라산의 특산 식물이거나 다른 곳에서 보기 어려운 고산 식물들이 대부분이에요. 고산 식물은 낮은 기온과 강한 바람으로 인해 작은 다년초나 관목이 많으며, 대체로 뿌리가 발달하였고, 꽃은 색깔이 또렷한 특징을 가지고 있어요.

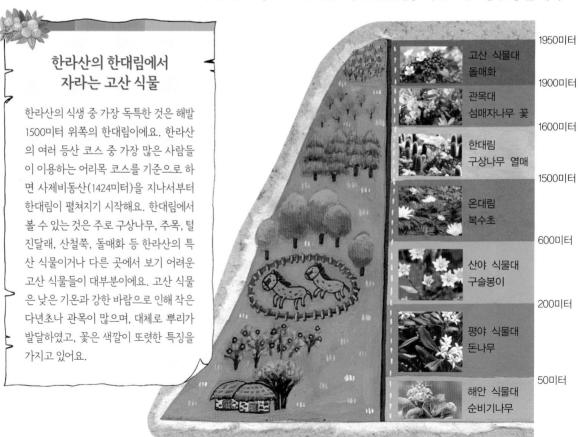

고산 식물대 돌매화	1950미터
	1900미터
관목대 섬매자나무 꽃	
	1600미터
한대림 구상나무 열매	
	1500미터
온대림 복수초	
	600미터
산야 식물대 구슬봉이	
	200미터
평야 식물대 돈나무	
	50미터
해안 식물대 순비기나무	

한라산의 식물 군락은 수직 분포가 뚜렷해요.

함께 세계자연유산으로 등재되기도 했어요. 한라산의 식물 분포는 해발 고도에 따라 해안 식물대, 평야 식물대, 산야 식물대, 온대림, 한대림, 관목대, 고산 식물대로 나눌 수 있어요.

2006년 유네스코 위원회가 제주도에 와서 용암동굴을 조사하는 모습이에요.

크리스마스트리로 사용하는 구상나무

한라산의 자생 식물 가운데 가장 눈여겨볼 만한 것으로 맨 먼저 구상나무를 꼽을 수 있어요. '구상나무'라고 하면 잘 알지 못하거나 한번도 본 적이 없다는 사람들도 '크리스마스트리로 많이 사용하는 나무'라고 하면 금세 고개를 끄덕인답니다. 원뿔 모양의 멋진 자태를 뽐내는 구상나무는 핫도그 모양의 열매가 독특해서 관상수로도 많이 기르는 나무예요. 한라산의 해발 1500미터 이상에서는 흔하게 볼 수 있지만, 세계적으로는 매우 희귀해요. 우리나라에서만 자생하는 한국 특산 식물이기 때문이에요. 한라산이나 지리산, 덕유산 등과 같은 해발 1000미터 이상 되는 산에서만 자란답니다. 지리산과 덕유산의 구상나무들은 몇 그루씩 드문드문 자라는 반면, 한라산에는 수천수만 그루의 구상나무가 한곳에 모여 울창한 숲을 이루기도 해요. 한라산을 대표하는 나무로 구상나무를 꼽을 만하지요?

🗿 **관상수**
보면서 즐기기 위해 심고 가꾸는 나무를 일컬어요.

구상나무 열매는 독특한 모양으로 인기가 많아요.

해발 1700미터 한라산 고지대에 자생하는 구상나무에 눈이 쌓여 있어요.

한라산 정상 바위 절벽에서 자라는 돌매화

한라산의 자생 식물 가운데 특이한 것 중 하나로 돌매화를 들 수 있어요. '암매'라고도 불리는 돌매화는 세계적으로 아주 희귀한 식물이에요. 우리나라에서는 한라산 정상의 바위 절벽에서만 자란답니다.

키가 너무 작아서 풀처럼 보이지만, 세계에서 가장 작은 나무로 알려져 있어요. 다 자란 키가 2센티미터 안팎에 불과한 데다가 꽃잎의 지름도 약 1센티미터에 지나지 않아서 눈에 잘 띄지 않아요. 귀한 꽃이라서 사람들이 돌매화를 몰래 캐 가는 경우도 있다고 해요. 이런 이유로 환경부는 돌매화를 멸종위기

돌매화는 한라산 정상의 깎아지른 듯한 바위 절벽에서 자라요.

멸종위기야생식물

한라산에 있는 식물 중에서 돌매화를 비롯해 한란, 나도풍란, 광릉요강꽃, 매화마름, 섬개야광나무 6종이 멸종위기 야생식물로 지정돼 있어요. 이 식물들을 불법으로 캐 가거나 죽이면 자연환경보전법에 따라 징역이나 벌금 같은 무거운 처벌을 받게 된답니다.

육지의 동식물이 어떻게 제주도에 살게 되었을까요?

오늘날 제주도에는 노루, 다람쥐, 오소리, 삵, 족제비, 집쥐 등의 포유동물이 살고 있어요. 제주도에 야생하는 동식물의 대부분은 육지에도 사는 것들이랍니다. 육지와 뚝 떨어져 있는 제주도에 어떻게 육지에서 사는 동물이 번식하게 되었을까요? 지금으로부터 2만~1만 1천 년 전의 빙하기에는 제주도와 한반도가 서로 이어져 있었기 때문이에요. 그때는 지구의 해수면이 지금보다 낮아서 제주도, 한반도, 중국, 일본, 타이완 등이 모두 육지로 연결되어 있었다고 해요. 제주시 애월읍 어음리의 빌레못동굴에서는 황색곰과 순록의 뼈가 발견되기도 했는데, 이 동물들은 모두 유럽과 아시아 대륙에 살았던 동물들이에요.

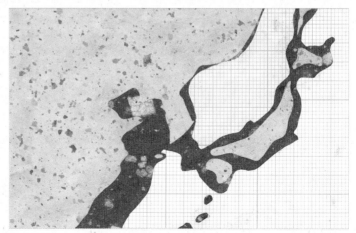

제주도가 육지와 연결되어 있던 빙하기의 지도

야생식물로 지정하여 보호하고 있어요.

한라산에는 약 1200여 종의 동물도 서식하고 있어요. 그중 대부분은 곤충류나 거미류 같은 무척추동물이고, 포유류는 17종에 불과해요. 하지만 옛날 한라산에는 노루, 사슴, 멧돼지, 살쾡이 같은 포유동물이 많았어요. 그러나 오늘날에는 아쉽게도 노루만 살아남았어요.

노루도 한때는 사라질 위기에 놓이기도 했지만, 지금은 제주도 주민들의 적극적인 보호 활동으로 한라산 고원 지대는 물론이고, 중산간 지대의 오름이나 목장 지대에서도 어렵지 않게 노루를 발견할 수 있어요.

노루에게 먹이를 내밀면 다가와 받아먹기도 한대요.

새끼 노루가 먹이를 찾아 한라산 어리목 광장에 나타나기도 해요.

한라산의 철쭉 밭에서 노루가 철쭉 잎을 먹고 있어요.

여기서
잠깐!

제주도와 한반도가 연결되었던 증거는?

제주도가 오래전에는 육지와 연결되어 있었다는 것을 알 수 있는 증거를 써 보세요.

_____

_____

도움말 빌레못동굴에서 황색곰과 순록의 뼈가 발견되었어요. 유럽이나 아시아 대륙에 살았던 이 동물들이 제주도로 어떻게 갔을지 생각해 보세요.

☞ 정답은 112쪽에

또 다른 화산섬, 울릉도

제주도와 같은 화산섬인 울릉도는 지금으로부터 250만 년 전쯤에 생겼다고 전해져요. 오랜 기간 동안 여러 차례의 화산 폭발이 일어난 제주도와는 달리, 울릉도는 두세 차례의 화산 활동만으로 오늘날과 같은 지형이 완성됐다고 해요. 더욱이 화산 폭발 때 뿜어져 나온 울릉도의 용암은 점성이 커서 넓게 퍼지지 못한 채 바닷물에 의해 빠르게 식으면서 위로만 높게 쌓였어요. 그래서 지금도 울릉도는 해안선이 비교적 단순하고 거의 수직에 가까운 해안 절벽이 발달돼 있어요.

우리나라에서 일곱 번째로 큰 섬인 울릉도는 길이가 동서로 10킬로미터, 남북으로 9.5킬로미터쯤 돼요. 그런데 바다 위에 솟은 울릉도는 빙산의 일각에 지나지 않아요. 바다에 잠겨 있는 것까지 다 합하면, 울릉도는 전체 높이가 약 3000미터에 이르는 거대한 화산이지요. 주변 바다의 깊이가 약 2000미터에 이르고, 울릉도에서 가장 높은 성인봉의 높이가 해발 984미터이므로 화산의 3분의 1만 바다 위로 드러나 있는 셈이에요.

울릉도 북면 바닷가에 송곳산이 우뚝 솟아 있어요.

울릉도 성인봉 원시림은
물을 머금었다가 천천히
내보내는 역할을 해요.

울릉도 성인봉 전망대에서 바라본 원시림 지대의 모습이에요.

울릉도는 가파르고 험준한 섬이에요. 농경지의 대부분은 가파른 산비탈을 일군 밭이에요. 험준한 지형적 특성으로 인해 교통이 매우 불편하고 주민들이 생활하기 어려운 점들이 많아요.

울릉도는 아주 치밀하고 단단한 조면암과 화산 쇄설암으로 뒤덮여 있어요. 또한 울릉도에는 우리나라 유일의 원시림*인 성인봉 원시림이 있지요. 구멍이 숭숭 뚫린 현무암과 달리 단단한 암석은 물기가 빠져나가지 않도록 하는 역할을 해요. 게다가 원시림도 물을 머금었다가 천천히 내보내는 역할을 하지요. 그래서 옛날부터 울릉도 주민들은 물 걱정 없이 생활할 수 있었어요. 반면 제주도의 암석은 스티로폼처럼 구멍이 숭숭 뚫려 있고 갈라진 데가 많은 현무암이 90퍼센트 이상을 차지해요. 그래서 아무리 많은 비가 내려도 곧장 땅속으로 스며들었다가 해안 지역에서만 콸콸 솟아오른답니다. 또한 제주도의 하천은 대부분 비가 올 때만 물이 흐르는 건천*이에요. 같은 화산섬이라도 울릉도는 제주도와 다른 점들이 참 많답니다.

* 원시림 : 불타거나 사람의 손으로 만들어지지 않은, 자연 그대로의 숲을 말해요.
* 건천 : 평상시에는 물이 말라 있는 상태였다가 비가 많이 올 때에만 물이 흐르는 하천을 뜻해요.

육지와 붙어 있던 제주도

제주도에서는 지금으로부터 약 7만~8만 년 전인 구석기 시대부터 사람들이 살기 시작했어요. 이때는 제주도가 한반도 육지와 붙어 있었어요. 제주도의 가장 오래된 선사 유적지인 빌레못동굴에서 유라시아 대륙에 살던 동물의 뼈가 나온 것이 그 증거예요.

이번 장에서는 우리나라의 가장 오래된 신석기 유적지인 고산리 선사유적지와 청동기 시대의 유적인 상모리 유적지, 그리고 북촌리 바위그늘 '고두기언덕', 삼양동 마을 유적 등에서 선사 시대 제주도 사람들의 생활을 살펴보기로 해요.

또 선사 시대 이후 고려 초까지 오랜 세월 동안 제주도에서 국가 형태를 갖추고 있었던 탐라국에 대해 알아보아요. 탐라국을 세웠다는 세 신인 양을나, 고을나, 부을나에 대한 개국 신화를 살펴보고, 탐라국이 어떤 나라였는지 알아보아요.

사냥에 쏠 도구를 만들자!

양을나, 고을나,
부을나가 탐라국을
세웠다는 신화가
전해져.

우리가 돌아볼 곳들

빌레못동굴, 고산리 선사유적지,
북촌리 바위그늘 '고두기언덕', 상모리 유적지,
삼양동 마을 유적, 삼성혈, 혼인지

삼성혈●
삼양동 마을 유적
●북촌리 바위그늘
'고두기언덕'
빌레못동굴
혼인지●
●고산리
선사유적지
상모리 유적지

언제부터 사람이 살았을까?

제주도에는 지금으로부터 약 7만~8만 년 전인 구석기 시대부터 사람들이 살기 시작했어요. 하지만 그때는 문자가 발명되기 이전의 선사 시대이므로 역사 기록은 남아 있지 않답니다. 대신에 오늘날 여러 곳에서 발견된 유적이나 유물을 통해 그때 사람들이 어떻게 살았는지를 짐작할 수 있어요.

현재 제주도에서 발견된 선사 시대의 유적 가운데 가장 오래된 것은 제주시 애월읍 어음리의 빌레못동굴이에요. 해발 230미터쯤에 위치한 빌레못동굴은 총길이가 11킬로미터나 되는 용암동굴이에요. 이 동굴에서는 긁개, 돌칼, 홈날, 톱니날 등의 타제 석기가 발견되었어요. 그리고 오늘날 시베리아나 알래스카 지방에만 서식하는 순록과 황색곰의 뼈도 발굴되었어요. 순록과 황색곰은 빙하기 때에 아시아와 유럽 대륙에서 살았던 동물이에요. 이 동물들의 뼈가 제주도에서 발견되었다는 사실을 볼 때 빙하 시대에는 제주도가 지금과 같은 섬이 아니라 한반도와 이어진 육지였다고 짐작할 수 있어요. 그러므로 제주도는 신석기 시대가 막 시작되던 무렵인 1만 년 전쯤 지금과 같은 섬이 되었을 것으로 짐작해요. 이처럼 빌레못동굴은 자연 동굴과 선사유적으로서의 가치가 매우 높아서 천연기념물 제342호로 지정됐어요. 또한 동굴을 보존하기 위해서 일반인들에게는 공개하지 않고 있어요.

제주도에서 가장 오래된 선사 유적지인 빌레못동굴의 입구예요. 영구 보존 동굴이어서 들어갈 수는 없어요.

빌레못동굴에서 황색곰의 뼈가 발굴되었어요.

선사 시대
문자가 없어서 역사적 기록이 전혀 남아 있지 않은 시대예요. 구석기·신석기·청동기 시대를 통틀어서 선사 시대라고 해요.

타제 석기
구석기 시대에 돌을 깨뜨려서 만든 도구이며, '뗀석기'라고도 해요. 신석기 시대에는 돌을 갈아서 만든 마제 석기(간석기)를 사용했어요.

빙하기는 언제를 말하나요?

지구의 기온이 크게 내려가 지구의 상당 부분이 얼음으로 뒤덮여 있던 시기로, 줄여서 '빙기'라고도 해요. 그리고 빙하기와 빙하기 사이에 비교적 기온이 따뜻한 시기를 '간빙기'라고 해요. 가장 최근의 빙하기는 1만 년 전쯤에 끝났어요. 지금은 간빙기에 해당해요.

또한 제주도에서는 우리나라에서 가장 오래된 신석기 유적지도 발견됐어요. 제주시 한경면의 고산리 선사유적지(사적 제412호)가 바로 그것이에요. 우리나라의 신석기 시대는 기원전 6천 년부터 시작된 것으로 알려져 있는데, 이 고산리 선사유적지는 기원전 1만 년~6천 년 전의 유적지로 추정해요.

고산리는 제주도의 맨 서쪽에 위치한 마을이에요. 여기서부터 서귀포시 안덕면 사계리의 산방산 부근까지는 제주도에서 가장 넓은 평야 지대가 형성돼 있어요. 바닷가와 가까운 들녘 한복판에 위치한 고산리 선사유적지는 1987년에 한 농부가 우연히 발견했어요. 이곳에서는 돌을 갈아 만든 화살촉 1700여 점과 창끝 40여 점 등의 사냥 도구가 발견됐어요. 토기로는 '고산리식 토기'라고도 불리는 원시무문 토기, 덧무늬 토기, 누른무늬 토기 등이 출토됐어요. 이런 유물들은 제주도의 신석기 시대를 기원전 1만 년까지 앞당기는 중요한 자료예요.

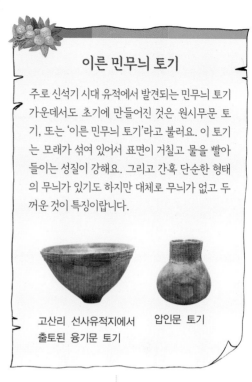

이른 민무늬 토기

주로 신석기 시대 유적에서 발견되는 민무늬 토기 가운데서도 초기에 만들어진 것은 원시무문 토기, 또는 '이른 민무늬 토기'라고 불러요. 이 토기는 모래가 섞여 있어서 표면이 거칠고 물을 빨아들이는 성질이 강해요. 그리고 간혹 단순한 형태의 무늬가 있기도 하지만 대체로 무늬가 없고 두꺼운 것이 특징이랍니다.

고산리 선사유적지에서 출토된 융기문 토기

압인문 토기

당산봉 정상에서 내려다본 고산리 선사유적지의 모습이에요.

고산리 선사유적지에서 사냥 도구인 화살촉이 다량으로 출토되었어요.

어디에서 어떻게 살았을까?

자연 동굴이나 바위그늘에 정말 사람이 살았을까?

선사 시대에 제주도의 자연 동굴이나 바위그늘 같은 곳에 사람이 살았다는 사실을 어떻게 알았을까요? 동굴이나 바위그늘에서 당시 사람들이 사용했던 토기 조각과 조개껍데기, 동물 뼈, 돌로 만든 도구 등이 발견되었어요. 이것은 그 당시 사람들이 이곳에서 생활하였다는 증거이지요.

바위그늘
바위 절벽에 있는 옴폭하게 턱이 진 곳이에요.

선사 시대의 제주도 사람들은 어디에서 어떻게 살았을까요? 한반도에서는 신석기 시대부터 움집 같은 인공적인 주거지가 만들어졌어요. 하지만 아직까지는 제주도에서 신석기 시대의 인공적인 주거지가 발견되지 않았어요. 제주도에서 땅을 파고 기둥을 세운 인공적인 주거지는 청동기 시대부터 나타난답니다.

신석기 시대까지도 제주도 사람들은 빌레못동굴 같은 자연 동굴이나 절벽 아래의 바위그늘에서 살았어요. 화산 활동으로 만들어진 제주도에서는 현재까지 100여 개의 용암동굴과 바위그늘이 발견됐어요. 그중에서 사람이 살았던 흔적이 남아 있는 동굴 유적은 10여 개에 이르고, 바위그늘 유적은 30개가 넘어요.

북촌리 바위그늘 유적에서 선사 시대 사람들이 살았던 모습을 상상하여 만든 모형이에요. 국립제주박물관에서 전시하고 있어요.

북촌리 바위그늘 '고두기언덕'

제주도의 바위그늘 유적 가운데 대표적인 것으로 '고두기 언덕'을 들 수 있어요. 제주시 조천읍 북촌리에 있는 이 바위그늘 유적지에서는 신석기 시대부터 청동기 시대를 거쳐 초기 철기 시대까지 사람이 살았던 것으로 밝혀졌어요.

바위그늘은 어른이 서 있어도 전혀 불편하지 않을 만큼 천장이 높아.

북촌리 바위그늘 유적지

겉보기에는 너무나 좁고 옹색해서 어떻게 사람들이 살았을까 싶은 곳이에요. 하지만 안으로 들어가면 커다란 바위로 이루어진 평탄한 곳이 펼쳐지고, 다른 한쪽에는 돌을 고르게 깔아 놓은 부분이 있어요. 이처럼 돌을 깔아 놓은 곳은 부엌이었던 것으로 짐작돼요. 그곳에는 시꺼멓게 탄 흙과 재가 뭉쳐 있었고 갈판, 갈돌 등과 같이 가루를 만드는 데 쓰였던 도구와 사슴 같은 동물의 다리뼈로 만든 **골각기**가 발견되었어요.

자연적으로 만들어진 동굴과 바위그늘은 맹수나 추위로부터 그리 안전하지는 못했어요. 그래서 좀 더 시간이 지난 청동기 시대에는 짚이나 풀을 엮어서 움집을 짓고 살았어요. 제주도의 청동기 시대 흔적이 남아 있는 곳은 서귀포시 대정읍의 상모리 유적지예요. 이곳에서는 야외 화로터, 조개무지, **수혈**, **유구** 등 생활 유적이 확인되었어요. 비록 주거지는 확인되지 않았지만 돌도끼, 대팻날, 끌, 숫돌 등과 같이 나무를 베거나 가공하는 도구들이 발견됨에 따라 이 시기에도 인공적인 주거지가 있었음을 짐작할 수 있어요.

상모리 유적지에서 출토된 구멍무늬 토기와 그물추

골각기
짐승의 뼈나 뿔, 이빨 따위를 이용하여 만든 도구나 장신구예요.

수혈
땅 표면에서 아래로 파 내려간 구멍으로, 선사 시대에는 주거 공간으로 이용하기도 했어요.

유구
옛날 건축의 구조와 양식을 알려 주는 흔적을 말해요.

삼양동 마을 유적

　지난 1997년 제주시 삼양동에서는 기원전 100년 전후의 많은 사람들이 모여 산 흔적이 남아 있는 마을 유적이 발견되었어요. 이 삼양동 마을 유적(사적 제416호)에서는 집터를 비롯해서 돌로 쌓은 담장, 쓰레기 폐기장, 마을 전체를 에워싼 도랑 유구 등이 발견됨으로써 대규모의 마을 유적으로 확인됐어요. 그리고 집터 내부에서는 구멍띠 토기, 덧띠무늬 토기, 적갈색 항아리 등을 비롯한 토기 600여 점과 돌도끼, 대패, 갈돌, 숫돌 등의 석기 150여 점, 동검, 검파두식 등의 청동기, 그리고 도끼, 손칼 등의 철기, 콩과 보리 등의 불에 탄 곡식이 출토되었어요. 불탄 곡식이 출토된 것으로 봐서 당시 이 일대에 거주하던 사람들은 농사를 지으면서 살았을 것으로 짐작해요. 그 밖에 삼양동 유적에서는 특이하게도 중국 것으로 보이는 옥가락지가 나왔어요. 이는 당시 사람들이 중국이나 일본과도 교류했음을 알게 해 줘요. 또한 옥가락지 같은 고급 장신구가 나왔다는 사실은 이 지역에 상당한 권력자가 등장했음을 짐작하게 해요. 삼양동 유적이 형성된 시기의 한반도 남부는 마한, 변한, 진한이 들어선 삼한 시대였어요.

동검
구리로 만든 검이에요.

검파두식
칼자루의 끝 장식을 가리키는 말이에요.

삼양동 마을 유적에서 다양한 종류의 토기들이 출토되었어요.

삼양동 마을 유적에는 선사 시대 사람들이 움집에서 생활하는 모습을 모형으로 제작해 놓았어요.

제주도 최대 규모인 삼양동 마을 유적 전경이에요.

무엇을 먹고 살았을까?

선사 시대의 제주도 사람들은 지금처럼 밭에서 재배한 감자, 당근 같은 채소를 캐서 먹었을까요? 아니에요. 그때의 사람들은 주로 사냥을 하거나 물고기를 잡아먹었어요. 한반도에서는 신석기 시대에 농사를 짓기 시작했고, 정착 생활을 하면서 빗살무늬 토기를 만들어 사용했다고 알려져 있어요. 하지만 제주도 사람들은 신석기 시대에 들어와서도 여전히 야생 열매를 채집하거나 작은 동물을 사냥해서 먹고 살았어요. 채집과 수렵을 위해 자주 옮겨다니는 이동 생활을 했고요.

삼양동 마을 유적에 선사 시대 사람들이 수렵으로 잡은 멧돼지를 마을로 옮기는 모습을 디오라마로 재현해 놓았어요.

신석기 시대에 들어서도 제주도에서 농경 생활이 이루어지지 않은 것은 제주도의 독특한 자연환경 때문이에요. 제주도의 땅은 물이 잘 빠지고 척박한 화산 토양이어서 농사 짓기가 아주 힘들어요. 요즘도 제주도에서는 물을 많이 필요로 하는 논농사는 거의 짓지 않고, 대부분 논농사에 비해 물을 덜 쓰는 밭농사를 짓고 있어요. 더욱이 중산간 지대나 한라산 기슭의 숲에는 노루 같은 동물과 야생 열매가 많고, 가까운 바다에는 물고기가 풍부해서 굳이 농사를 짓지 않아도 먹을 것을 구하기가 쉬웠어요.

중산간 지대
제주도 한라산과 해안 지방 사이의 해발 200~600미터가량 되는 곳을 가리켜요. 제주도의 목장과 오름들은 대부분 중산간 지대에 있답니다.

선사 시대 제주도 사람들은 주로 사냥을 하거나 물고기를 잡아서 먹고살았어요.

제주의 옛 이름, 탐라

우리나라가 고구려, 백제, 신라의 세 나라로 맞서 있던 5~6세기 제주도에서는 사람들이 몇 개의 집단으로 뭉쳐 농사를 지으며 살기 시작했어요. 그렇게 탄생한 고대 국가가 '탐라'예요. 탐라 외에도 옛 제주를 부르는 이름이 여러 역사 책에서 밝혀졌어요. 담라, 탐모라, 탐부라, 탁라, 섭라 등이 그것이지요. 모두 탐라와 발음이 비슷한 이름들이에요.

제주도에 관한 기록은 우리나라보다 중국의 역사서에 먼저 나타났어요. 중국 삼국 시대의 역사서인 《삼국지》에는 제주를 가리켜 다음과 같이 기록한 내용이 있어요. 기록에 나오는 주호는 탐라를 가리키는 이름이에요.

탐라는 '깊고 먼 바다의 섬나라'라는 뜻을 담고 있어.

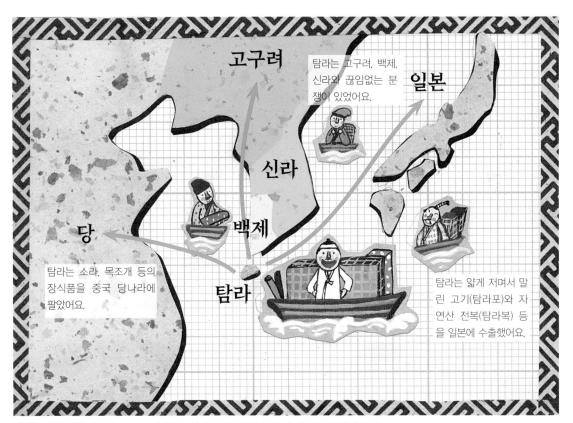

탐라는 고구려, 백제, 신라와 끊임없는 분쟁이 있었어요.

탐라는 소라, 목조개 등의 장식품을 중국 당나라에 팔았어요.

탐라는 얇게 저며서 말린 고기(탐라포)와 자연산 전복(탐라복) 등을 일본에 수출했어요.

고구려

일본

신라

백제

당

탐라

탐라는 해상 무역 강대국으로 고구려, 백제, 신라는 물론 중국, 일본과 대등한 무역을 했어요.

"주호는 마한의 서쪽 바다 가운데에 있다. 그곳 사람들은 마한 사람들보다 키가 조금 작고 언어도 한족과 같지 않다. 그들은 모두 선비족처럼 머리를 깎았으며, 소나 돼지 기르기를 좋아한다. 옷은 가죽으로 만들어 입었는데, 상의만 있고 하의는 없어서 거의 벌거벗은 거나 다름없다. 배를 타고 한나라에 왕래하며 물건을 사고판다."

탐라 문화를 살펴볼 수 있는 곳은 앞에서 살펴본 삼양동 마을 유적이에요. 그 당시 탐라는 독립된 국가 형태로서 고구려, 백제, 신라, 당, 일본 등과 교류를 하는 등 해양 무역을 활발하게 했다고 해요. 또한 빠르고 강한 배를 만들어 타고 다녀 주변 국가들에게 두려움의 대상이 되기도 했어요. 신라 선덕 여왕 때 세워진 황룡사 9층 석탑은 신라가 경계해야 할 아홉 개의 적을 상징해요. 그중 4층이 '탐라'였다고 하니 그 당시 탐라가 얼마나 강하고 센 나라였는지 짐작할 수 있지요.

한족
한민족, 즉 현재 우리나라 인구의 대부분을 차지하는 우리 민족을 가리켜요.

선비족
옛날에 만주 남쪽에서 몽골 지방에 걸쳐서 살았던 유목 민족이에요.

한나라
삼국 시대 이전에, 한반도 남쪽에서 부족 국가를 이루었던 삼한을 말해요.

한반도의 고인돌 VS 제주도의 고인돌

한반도 청동기 시대의 대표적인 유물은 고인돌이에요. 하지만 제주도의 고인돌은 청동기 시대의 것이 아니라 초기 철기 시대의 유물로 알려져 있어요. 지금까지 제주도에서 발견된 고인돌은 무려 200여 개나 돼요. 대체로 해발 100미터 이하의 해안 지역에서 많이 발견되었어요.

우리나라의 고인돌은 크게 북방식과 남방식으로 나누어요. 하지만 제주도의 고인돌은 육지의 고인돌과는 달리, 굄돌을 5개 이상 둘러서 돌방을 만들고, 그 위에 덮개돌을 올려놓는 형태예요. 제주시 용담동에는 이와 같은 제주도 고인돌의 특징을 두드러지게 보여 주는 고인돌이 남아 있어요.

제주시 용담동에 있는 고인돌은 5개 이상의 굄돌이 덮개돌을 떠받치고 있는 독특한 형태예요. 이를 '제주식 고인돌'이라 불러요.

탐라국의 대외 관계와 대표적인 유적들

탐라국이 주변 나라와 어떤 관계를 맺었는지 좀 더 자세히 알아보기로 해요. 백제가 멸망한 직후 탐라는 바다 건너 일본이나 중국 당나라와도 외교 관계를 맺었어요. 중국의 《신당서》라는 역사책에는 다음과 같이 기록되어 있어요.

> "신라 문무왕 원년(661)에 탐라라는 나라가 있었는데, 그곳의 왕인 유리도라가 당나라에 사신을 보내어 황제를 뵙도록 하였다. 탐라는 신라의 남쪽에 위치한 섬에 있다. 풍속은 **질박**하고 **비루**해서 옷은 개나 돼지의 가죽으로 만들어 입는다. 집은 여름에는 초가에서 살고, 겨울에는 굴속에 들어가 산다. 땅에서는 오곡이 나지만 밭을 가는 데는 소를 부릴 줄 모르고 쇠스랑으로 일군다."

탐라는 고려 숙종 때 고려의 지방 행정 구역이 되었구나!

탐라 시대의 제주도는 성주, 또는 왕자가 다스렸어요. 《고려사》에 의하면, 성주와 왕자라는 호칭은 신라 전성기에 탐라국의 왕족인 고후, 고청 등의 세 형제가 신라 왕을 찾아갔을 때 신라 왕이 그들에게 성주, 왕자, 도내라는 벼슬을 주었던 데서 유래됐어요. 고려의 태조도 신라의 예법을 따라서 탐라의 왕이었던 고말로에게 성주의 벼슬

질박
꾸밈이 없이 수수하다는 뜻이에요.

비루
마음이 고상하지 못하고 하는 짓이 천하다는 말이에요.

곽지리식 토기와 고내리식 토기, 어떻게 다를까?

원시무문 토기 양식을 계승한 삼양동식 토기 이후 탐라국 전기에 곽지리식 토기가 나타나요. 곽지리 유적지에서는 탐라국 전기에 유행했던 '곽지리식 토기'를 살펴볼 수 있어요. 제주시 애월읍 곽지리 일대는 1967년에 유물이 처음 발견되어 1979년부터 1992년까지 7개 지점에서 발굴이 이루어졌어요. 그중 특히 5지구는 원래 상태로 복원이 될 수 있는 곽지리식 토기가 50개 이상 발견되어 주목받았어요. 곽지리식 토기는 두께가 3~4센티미터나 될 정도로 두껍고 태토도 매우 거칠며, 입이 밖으로 벌어져 있어 안정감도 적어요. 그만큼 초기 양식임을 말해 주는 토기랍니다. 기원 무렵부터 기원후 600년경에 해당되는 탐라국 전기의 토기예요.

탐라국 전기의 곽지리식 토기

을 주었어요. 탐라국의 성주는 독립된 국가의 왕으로 여겨 아들들도 왕의 아들을 뜻하는 태자, 또는 세자라고 불렀어요. 그러나 고려 숙종 10년(1105)에는 탐라국이 고려의 지방 행정 구역 중 하나인 탐라군으로 편입되면서 독립국으로서의 지위를 잃고 고려의 통치를 받게 되었어요. 하지만 성주는 여전히 존재하여 대대로 그 지위를 자손들에게 물려주며 조선 초기까지 세습되었다고 해요.

용담동 고분 유적지에서 탐라국 전기의 유적 옹관묘가 발굴되었어요. 위 유물은 국립제주박물관에 전시되어 있는 옹관묘예요.

현재까지 발굴된 탐라 시대의 유적으로는 용담동 고분 유적지와 고내리 유적지가 대표적이에요. 1984년에 발굴된 제주시 용담동의 고분 유적지에서는 철제장검과 옹관묘가 출토되었어요. 제주도에서는 생산되지 않는 철로 만든 칼이 발견된 것으로 봐서 당시 탐라국과 외부의 교류가 활발했고 강력한 힘을 가진 지배자가 탐라국을 통치했다는 것을 알 수 있어요.

고내리 유적지의 대표적인 유물은 토기예요. 이 토기는 납작한 바닥을 먼저 만든 뒤에 몸체를 붙이는 방식으로 제작되었는데, 표면은 물레를 사용한 듯이 매끄럽고 태토의 짜임새도 이전의 토기에 비해 훨씬 치밀해졌어요. 또한 입과 바닥 지름의 길이가 거의 같다는 점도 고내리식 토기의 특징이에요.

옹관묘
나무나 돌 대신에 크고 작은 항아리, 또는 독 두 개를 맞붙여서 관으로 썼던 무덤을 말해요. 전 세계적으로 널리 쓰였는데, 우리나라에서는 지금도 일부 섬 지방에서 쓰여요.

태토
도자기를 만드는 데에 기본 재료가 되는 흙을 말해요.

탐라국 중·후기의 고내리식 토기

제주시 애월읍 고내리 유적지에서 출토된 토기는 탐라국 중기와 후기(기원후 600년~고려 초기)에 나타난 '고내리식 토기'예요. 고내리식 토기는 이전에 비해 두께도 1.5센티미터 이하로 얇고 태토도 좋은 것으로 골라서 표면이 매우 매끄럽고 세련된 느낌을 주지요. 매끄러운 표면은 회전판을 사용했음을 보여 주는 것인데, 회전판 위에 토기를 놓고 돌리며 물손질하여 만든 것으로 보여요. 바닥도 곽지리식 토기는 무척 두껍다가 좁아지는 반면 고내리식 토기는 상당히 얇으면서 넓고 납작해졌어요. 주둥이가 밖으로 많이 벌어지지 않은 것이 곽지리식 토기와의 차이점이지요.

탐라국의 개국 신화

아득한 옛날, 한라산 북쪽 기슭의 땅속에서 양을나, 고을나, 부을나 세 신인이 솟아
나왔어요. 이들 삼형제는 용모가 의젓하고 기품이 있을 뿐만 아니라, 마음 씀씀이도
넉넉하고 성격이 활발했어요. 그들은 산과 들을 뛰어다니며 짐승을 사냥해서 가죽 옷
을 입고 고기를 먹으며 살았어요. 그러던 어느 날, 한라산에 올라 동쪽 바다를 내려다
보던 세 신인은 자줏빛 흙으로 덮인 나무상자가 바닷가에 있는 것을 발견했어요. 나무
상자를 열어 보니 붉은 띠를 두르고 자줏빛 옷을 입은 남자가 새알 모양의 옥
함*을 지키고 있었어요. 옥함을 열어 보니 아름다운 여인 셋이 나왔어
요. 또한 소, 말, 돼지, 양, 닭, 개 등의 가축과 오곡의 씨앗도 들어
있었어요. 남자는 세 신인에게 절을 두 번 하더니 엎드
려 말했어요.

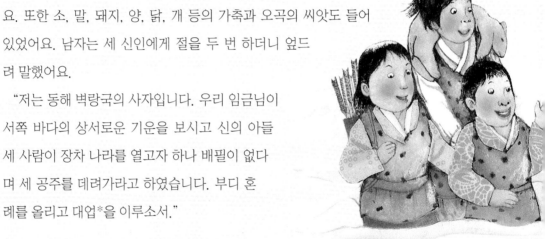

"저는 동해 벽랑국의 사자입니다. 우리 임금님이
서쪽 바다의 상서로운 기운을 보시고 신의 아들
세 사람이 장차 나라를 열고자 하나 배필이 없다
며 세 공주를 데려가라고 하였습니다. 부디 혼
례를 올리고 대업*을 이루소서."

세 신인이
세 공주와 혼인지라는
연못에서 혼례를
올렸대요.

탐라국 개국 신화에 얽힌 유적지들

탐라국을 세운 세 신인이 솟
아났다는 '모흥혈', 또는 삼성
혈(사적 제134호)이에요. 제주시
이도1동에 위치한 삼성혈 안
에는 수백 년 묵은 곰솔을 비
롯해 녹나무, 팽나무, 구실잣
밤나무, 조록나무 등 70여 종
의 나무들이 울창한 숲을 이
루고 있어요.

세 신인이 쏜 화살이 박힌 과녁 돌이었다는 삼사석
(제주시 화북동)

사자는 이 말을 마치자마자 구름을 타고 홀연히 날아가 버렸어요. 세 신인은 몸과 마음을 깨끗이 한 뒤에 차례로 짝을 정해 혼례를 올렸어요. 또한 차례로 활을 쏘아 거처할 땅도 정했어요.

세 신인 중에서 양을나가 쏜 화살은 일도, 고을나는 이도, 부을나는 삼도에 떨어졌어요. 오늘날 제주시의 일도동, 이도동, 삼도동은 여기서 유래된 지명이에요. 이때부터 오곡 씨앗을 뿌리고 말과 소 등을 길러 나날이 백성도 많아지고 삶이 풍족해져서 마침내 '탐라국'을 세웠다고 해요.

* 옥함 : 옥으로 만든 상자를 가리켜요.
* 대업 : 큰 일, 즉 나라를 세우는 일을 말해요.

황노알에서 온평리를 가로질러 중산간 지대 쪽으로 2킬로미터쯤 가면 혼인지라는 연못이 나와요. 이 마을 사람들이 '흰죽물'이라고도 부르는 혼인지는 들판의 암반 지대에 형성된 자연 연못으로, 세 신인과 벽랑국의 세 공주가 혼인했다는 전설이 서려 있어요.

혼인지 바로 옆에는 세 신인과 공주들이 첫날밤을 보냈다는 '주거굴'이 있어요.

45

외세의 침략에 시달린 제주도

제주도는 고려 숙종 10년(1105)에 고려의 지방 행정 구역인 '탐라군'으로 편입됐어요. 독립국의 지위를 잃게 되면서 제주도는 외세의 지배를 받기 시작했어요. 송나라(북송)를 멸망시킨 몽골도 중국의 남송과 일본 정벌의 중간 기지로 활용할 수 있는 군사적 요충지로 제주도를 호시탐탐 노렸어요.

몽골에 맞서 최후의 항전을 벌인 삼별초군도 전략적 요충지인 제주도를 마지막 거점으로 삼았어요. 결국 삼별초군이 패배한 뒤로 제주도는 약 100년 동안이나 몽골의 지배를 받았어요. 제주도에 탐라총관부*를 설치한 몽골은 목재를 강제로 거두어들이고, 목마장을 개발했어요. 몽골(원나라)이 명나라에게 멸망한 뒤에도 제주도에 계속 남아 있던 몽골인 목호들은 고려 조정에 반란을 일으키기까지 했어요.

고려 말에는 왜구들의 노략질이 심해서 해안 지방에 살던 주민들이 중산간 지대로 이주하기 시작했으며, 왜구들의 침입을 알리기 위해 바닷가 곳곳에는 연대와 봉수대가 세워지기도 했어요. 이제 외세의 침략에 시달린 제주도의 역사 속으로 들어가 볼까요?

*탐라총관부 : 고려 원종 14년(1273)에 중국 원나라가 삼별초의 항쟁을 진압하고 제주도에 세운 관아예요.

목호들이 겁 좀 먹겠군.

적들을 물리쳐라!

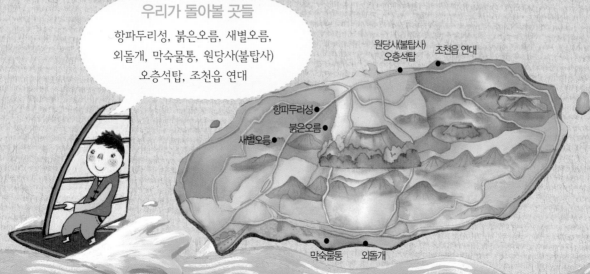

우리가 돌아볼 곳들

항파두리성, 붉은오름, 새별오름,
외돌개, 막숙물통, 원당사(불탑사)
오층석탑, 조천읍 연대

원당사(불탑사)
오층석탑   조천읍 연대

항파두리성
붉은오름
새별오름

막숙물통   외돌개

삼별초의 대몽 항쟁

강화
싸우던 두 편이 싸움을 멈추고 평화로운 상태가 된 것을 뜻해요.

고려 때 환해장성을 처음 쌓았구나!

삼별초는 고려의 무인 최우가 만든 군사 조직이에요. 좌별초, 우별초, 신의군으로 구성된 삼별초는 원래 수도를 지키고 왕의 신변을 안전하게 지키는 일을 했어요. 13세기 몽골이 고려를 세 차례나 침입하자 고려는 조정을 강화도로 옮기고, 40년 동안 몽골에 맞서 싸웠어요. 하지만 고려는 몽골과 강화를 맺어 몽골의 간섭을 받게 되지요. 고려군이었던 삼별초는 고려 조정이 개경으로 돌아가는 것을 반대하며 강화도에 남아 대몽 항쟁을 계속하였어요. 결국 삼별초는 고려 조정에 반란을 일으킨 고려의 적이 된 셈이지요.

삼별초군이 제주도로 갈 것을 미리 예상한 고려 조정은 김수와 고여림 장군을 보내서 삼별초군의 상륙을 막기 위한 돌성을 바닷가에 쌓기 시작했어요. 그것이 바로 오늘날까지도 제주도 해안 곳곳에 남아 있는 '환해장성'이랍니다.

삼별초군과 고려 관군들 사이에 치열하게 전투가 벌어졌던 송담

삼별초를 막기 위해 쌓은 환해장성은 이후 왜구를 막기 위한 성으로 사용했어요.

천(지금의 화북천)에서 고여림 장군을 비롯한 고려 관군 대부분이 전사했어요. 고려를 전멸시킨 이문경 부대는 동쪽으로 더 나아가서 지금의 제주시 조천읍에 있는 조천포에 진을 쳤어요. 이로써 삼별초의 별동대장 이문경은 서쪽의 명월포에서 동쪽의 조천포에 이르는 지역에 교두보를 확보하여 나중에 김통정 장군의 삼별초군이 손쉽게 제주도

교두보
본격적인 상륙 작전에 앞서 적군이 점령하고 있는 강기슭이나 바닷가의 일정한 지역을 빼앗아서 공격이나 방어를 위하여 마련한 곳을 가리켜요.

에 상륙하는 발판을 마련했지요. 이미 이문경 부대가 점령하고 있던 제주도에 손쉽게 상륙한 삼별초군은 현재의 제주시 애월읍 고성리에 매우 견고한 항파두리성을 구축했어요. 바다가 바라보이는 해발 200미터의 중산간 지대에 자리 잡은 항파두리성은 삼면이 하천으로 둘러싸인 천혜의 요새였어요. 바깥쪽의 외성은 흙으로 쌓았으며, 안쪽의 내성은 돌로 쌓았어요. 성 안에는 무기를 만드는 공장까지 있었으며, 성의 동서남북 네 성문은 무쇠로 만들어 그야말로 철옹성이었지요.

'항파두리'는 무슨 뜻?

항파두리라는 지명 때문에 이곳에 쌓은 성을 항파두리성이라고 부른다는 의견이 있는가 하면 '항파두리'는 '철옹성'을 뜻하는 제주도 사투리라는 의견도 있어요. '항'은 항아리, '바두리'는 둥근 테라고 하여 '항파두리성'을 '항아리의 테두리처럼 둥그런 성'이라는 뜻으로 해석하는 사람들도 있어요.

철옹성
쇠로 만든 항아리처럼 튼튼하게 둘러쌓은 성을 가리키는 말로 철옹산성이라고도 해요.

여기서 잠깐!

성의 이름은 무엇일까요?

제주도에 상륙한 삼별초가 쌓은 성의 이름은 다음 중 무엇일까요? (　　　)

① 환해장성　　② 잣성　　③ 항파두리성　　④ 철옹성

☞ 정답은 112쪽에

항파두리성의 외성은 흙으로 둑처럼 쌓았어요.

적의 침입을 막아라!

고려의 자주를 꿈꾼 삼별초

입조
벼슬을 맡은 관리들이 조정의 조회에 들어가던 일. 또는 외국에서 온 사신이 조정의 회의에 참여하는 것을 말해요.

몽골은 남송과 일본을 정벌하기 위하여 군사적 요충지로 적합한 제주도를 노리고 있었어요. 그래서 몽골은 탐라 사신이 고려 조정을 통해 몽골에 입조하기를 강요했어요. 이에 고려 원종은 1266년에 고려 사신과 함께 탐라 사신을 몽골에 파견했어요. 그 이후 몽골도 두 차례에 걸쳐서 탐라에 사신을 파견했어요. 몽골의 사신은 탐라 정벌에 필요한 군선을 만들 것을 요구했고, 탐라 주변의 바닷길을 살펴보았지요.

삼별초가 대몽 항쟁을 계속하고 있었기 때문에 몽골이 탐라를 손에 넣기가 어려웠어요. 결국 1273년 4월 1만여 명의 여몽연합군이 제주 앞바다에 도착했어요. 홍다구가 이끄는 몽골군은 서북쪽의 명월포로 상륙하였고, 고려 관군은 함덕포를 통해 상륙했지요. 삼별초군은 파

삼별초군은 몽골군과 치열한 전투를 벌였으나 결국 항파두리성에서 최후를 맞이했어요.

이곳이 붉은오름이에요.

한라산 영실 등산로에서 바라본 붉은오름

군봉에서 홍다구 부대와 치열한 전투를 벌였으나 크게 패했어요. 삼별초군의 본거지인 항파두리성마저 불길에 휩싸이자 김통정 장군은 부인과 함께 70여 명의 부하들을 이끌고 한라산 중턱으로 퇴각했어요. 하지만 남은 부하들도 뒤쫓아 온 여몽연합군과 싸우다가 모두 전사했고, 김통정 장군도 스스로 목숨을 끊었어요. 장군의 주검을 안고 통곡하던 장군의 부인도 그 뒤를 따랐지요. 그때 두 사람이 흘린 피가 흘러내려 산의 흙을 붉게 물들였대요. 그래서 제주도 사람들은 아직까지 붉은 흙으로 뒤덮인 이 산을 '붉은오름'이라 불러요.

항몽유적지 전시관

전시관에는 몽골에 맞서 끝까지 싸웠던 삼별초군의 모습을 담은 그림들과 삼별초군의 이동 경로 등을 상세하게 볼 수 있는 지도가 전시되어 있어요. 그리고 삼별초 전쟁 당시 사용했던 무기들도 전시하고 있어요.

항파두리성 안에 항몽유적지 전시관이 있어요.

항몽유적지에는 고려 시대 역사를 자세히 알려 주는 해설사 선생님이 있어요.

항파두리성 안에 있는 항몽순의비

당시 총 700명가량 되던 삼별초군은 항복하거나 도망치는 사람이 하나도 없이 끝까지 싸우다 전사했대요. 이로써 삼별초의 기나긴 대몽 항쟁은 끝이 났어요. 그 뒤 제주도는 약 100년에 걸친 긴 세월 동안 몽골의 지배를 받게 되었지요.

현재 애월읍 고성리에 위치한 항파두리성 항몽유적지에는 6킬로미터의 외성 가운데 922미터가 복원돼 있어요. 그리고 길이가 750미터 정도 되는 돌로 쌓은 내성이 자리했던 터에는 현재 '항몽순의비'가 세워져 있답니다. 또한 항파두리성의 안팎에는 삼별초와 관련된 유적이 여러 곳에 남아 있어요. 성 문짝의 받침으로 사용했다고 짐작하기도 하고, 디딜방아 즉 절구통으로 사용했을 것으로 보이는 돌쩌귀가 항몽유적지에 전시되어 있어요. 또한 삼별초 병사들이 활쏘기를 할 때 과녁으로 사용했다는 '살 맞은 돌'이 있으며, 성 밖의 큰길 가에는 김통정 장군이 토성에서 뛰어내릴 때 생긴 발자국에서 생겨났다는 전설이 전해지는 장수물 샘터와 병사들이 식수로 사용했다는 구시물 샘터가 남아 있어요.

자세히 보면 화살 박힌 자국이 있어.

살 맞은 돌

구시물 샘터

삼별초군을 이끌고 제주도로 온 김통정 장군은 성을 쌓기 시작했어요. 먼저 돌로 내성을 쌓은 다음, 그 주위를 빙 에워싸는 외성을 쌓았어요. 성 쌓기가 끝나자 김통정 장군은 집집마다 불을 땐 뒤에 나오는 재를 모아 오게 했어요. 그러고는 재를 외성의 성벽 위에 뿌리고, 말꼬리에 대나무로 만든 빗자루를 매달아 날마다 성벽 위를 내달리게 했어요. 이처럼 날마다 말을 달리게 하여 재를 날리자, 고려군은 항파두리성의 윤곽이나 삼별초군의 움직임을 전혀 알 수가 없었어요.

그러던 어느 날 고려군이 작전 회의를 하는데, 군사가 어린 여자아이를 데리고 막사 안으로 들어왔어요.

"아니, 웬 아이냐?"

"장군님! 오늘 공격한 동쪽 성문 밑에서 울고 있기에 데려왔습니다. 성안에서 살고 있다고 합니다."

그러자 장군이 그 아이에게 물었어요.

"너는 성안에서 무엇을 하느냐?"

"김통정 장군님의 아기를 돌보는 애기업개입니다."

성 밖으로 심부름을 나왔던 이 애기업개는 성문이 닫히기 시작하자 재빨리 달려갔지만, 성문이 닫히고 말았대요. 애기업개는 성문을 두드리며 문을 열어 달라고 애걸했지만, 끝내 문은 열리지 않았대요. 그래서 너무 분하고 원통한 나머지 울고 있었다는 거예요. 고려 장군은 이것이야말로 하늘의 도움이라 여기고 애기업개를 이렇게 구슬렸어요.

"우리가 저 성문을 열면 제일 먼저 너를 들어가게 해 주마. 성문을 열 수 있는 좋은 방법이 없겠느냐?"

그러자 애기업개는 이렇게 말했어요.

"14일 동안 동쪽 문에 불을 놓고 풀무질*을 해 보세요."

그렇게 14일 동안 숯불을 피워 풀무질을 하자 정말로 항파두리성의 튼튼한 철문이 녹아 내리기 시작했어요. 삼별초군은 서문 쪽만 방어하다가 뜻밖에 동문이 열리면서 고려 관군에게 크게 패하고 말았어요.

아무리 하찮은 사람의 말이라고 해도 귀담아 들어야 한다는 뜻의 '애기업개 말도 들어봐야 한다.'는 제주도 속담은 바로 이 전설에서 유래되었다고 해요.

*풀무질 : 불을 피울 때 도구를 사용하여 바람을 일으키는 것을 말해요.

삼별초는 왜 반란을 일으켰을까?

고려 고종 19년(1232)에 몽골군이 고려의 수도인 개경을 함락시키자 최씨의 무신정권은 조정을 강화도로 옮겼어요. 그리고 약 40년 동안 몽골에 맞서 싸웠어요. 그러나 무신정권이 자중지란* 끝에 몰락한 뒤 몽골과 강화를 맺은 고려 원종은 1270년 5월 27일에 마침내 조정을 개경으로 환도할 것을 결정했어요. 그러자 몽골과의 싸움에 앞장선 삼별초는 그해 6월 1일에 왕온과 배중손을 중심으로, 고려 조정에 반대하는 정권을 수립했어요.

반란을 일으킨 지 사흘 뒤 삼별초는 가족과 노비, 재물을 가득 실은 1000여 척의 배를 이끌고 강화도를 떠나 진도로 향했어요. 그리고 그해 8월 19일 진도 벽파진에 상륙한 삼별초는 용장산성을 구축해 본거지로 삼았어요.

삼별초는 진도에 상륙한 뒤 한동안 남해안 지방과 제주도, 그리고 전주와 밀양 등 내륙의 일부까지도 함락시킴으로써 크게 위세를 떨쳤어요. 그러나 고려 원종 12년(1271) 5월 15일 여몽연합군은 군선 400척과 군사 1만 명을 동원하여 대대적으로 용장성을 공격했어요. 삼별초군은 용감하게 맞서 싸웠으나 군사의 수가 크게 부족해서 10여 일 만에 용장성을 버리고 후퇴했어요. 그렇게 싸움에서 패하여 쫓기던 가운데 삼별초의 왕온과 그의 아들 왕환은 지금의 진도읍 왕무덤재에서 홍다구에게 붙잡혀 죽임을 당했어요.

삼별초의 배중손 장군이 최후를 맞이한 전남 진도 남도석성이에요.

전남 진도군 임회면 굴포리에 배중손 장군의 동상과 사당이 있어요.

진도 내륙을 가로질러 후퇴하던 삼별초는 오늘날의 진도군 의신면 돈지에서 크게 두 부대로 나누어졌어요. 그 중 배중손 장군의 부대는 남쪽의 임회 방면으로 퇴각했으나 남도석성에서 전멸하고 말았어요. 그리고 동쪽의 금

삼별초군의 본거지였던 진도 용장산성이에요.

갑진으로 퇴각했던 김통정 장군은 남은 무리를 이끌고 제주도로 건너갔어요. 이렇게 해서 강화도와 진도를 거쳐 삼별초는 제주도로 이동하게 된 거예요.

* 자중지란 : 같은 편끼리 서로 싸우는 것을 말해요.

여기서
잠깐!

삼별초군의 이동 경로

삼별초군은 근거지를 이동하면서 대몽 항쟁을 벌였어요. 이동 순서에 맞게 ( ) 안에 알맞은 지명을 보기 에서 써 넣으세요.

강화도 - 진도 - ( )

보기 용장성, 제주도, 전주, 밀양

☞ 정답은 112쪽에

100년간 몽골의 지배를 받다

몽골, 즉 원나라는 원종 14년(1273)에 삼별초를 진압한 직후 제주도에 '탐라국초토사'를 설치했어요. 이는 충렬왕 원년(1275)에 '탐라국군민도달로화적총관부', 줄여서 '탐라총관부'라 일컫는 통치 기구로 개편됐어요. 그 뒤 원나라는 약 100년 동안이나 제주도를 통치했어요. 탐라총관부의 우두머리인 '다루가치'는 원나라에서 직접 파견됐어요. 하지만 그 아래의 관리들 중 상당수는 제주도의 토착 세력이었어요. 제주도에 설치된 탐라총관부는 일본을 정벌하기 위한 배를 제작하기 위해 목재를 징발하고, 군사용 말을 기르기 위한 목마장을 여러 곳에 만들었어요. 최초의 목마장은 1276년에 탐라총관부의 '탑자적'이라는 사람이 원나라 말을 방목한 수산평(오늘날의 서귀포시 성산읍 수산리)에 만들었어요. 그 뒤로 제주도 곳곳에 만들어진 목마장은 목호들이 관리했어요. 원나라의 지배를 받는 동안 제주도의 대부분이 원나라의 목마장이 되었고, 혈통, 풍속, 언어 등 여러 방면에서 원나라의 영향을 받았어요.

공민왕 21년(1372), 고려는 몽골인이 세운 원나라를 멸망시킨 명나라와 좋은 관계를 맺었어요. 명나라를 세운 태조는 그동안 몽골인들이 지배해 오던 제주도를 고려의 땅으로 인정하는 대신 말 2000필을 보내라고 요구했어요. 하지만 당시 제주도의 목마장을 관리하던 목호들은 "원나라 세조 황제가 방목시킨 말을 원수인 명나라에 절대 보낼 수 없다."며 반란을 일으켜 고려 조정에서 파견한 관리들을 죽이

토착 세력
어느 지역에서 조상 대대로 뿌리를 내리고 살아온 세력을 말해요.

징발
나라에서 특별한 일에 필요한 사람이나 물자를 강제로 모으거나 거두는 것을 가리켜요.

목호
고려 시대에 제주도에서 말을 기르던 몽골인이에요.

고려군과 목호군은 금오름과 명월포 사이의 들녘과 오름에서 여러 차례 싸움을 벌였어요.

고려의 토벌군과 몽골의 목호군 사이에 큰 싸움이 벌어졌던 새별오름의 해질녘 풍경이에요.

기까지 했어요. 이에 고려 조정에서는 다시 사람을 보내 순순히 말을 바칠 것을 요구했지만 목호들은 말을 듣지 않았어요. 고려 공민왕은 최영 장군을 도통사로 삼아 제주도의 목호 세력을 토벌할 것을 명령했어요.

명월포 앞바다에 도착한 고려군은 제주도에 상륙하는 것조차 쉽지 않았어요. 선발대가 모두 목호군의 기병대에게 죽임을 당했기 때문이지요. 하지만 최영 장군이 이끄는 고려군이 명월포, 어름비, 밝은오름, 금악 등지에서 밤낮없이 공격을 계속하자, 완강하게 맞서던 목호군이 점차 밀리기 시작했어요. 그리고 마침내 새별오름 싸움에서 크게 패한 목호군은 서귀포 앞의 범섬에서 최후를 맞이했어요.

 도통사
오늘날 군대의 총사령관에 해당하는 자리예요.

새별오름 정상은 남쪽 봉우리를 중심으로 5개의 봉우리가 하나로 이어져 있어요. 분화구는 서쪽이 완전히 트인 말굽형이에요.

여기서 잠깐!

목호의 난을 불러일으킨 동물은?

몽골이 제주도를 지배하는 동안 제주도에서 주로 키웠던 동물이었으며, 목호의 난을 일으키는 원인이 되기도 했던 동물은 무엇일까요? (　　　)

① 소　　　　　② 말　　　　　③ 사슴

도움말 몽골은 제주도 곳곳에 군사용 말을 기르기 위한 목마장을 만들었어요.

☞ 정답은 112쪽에

목호의 난을 진압한 고려

앞에서 살펴본 목호들과 고려군이 싸웠던 흔적은 아직도 제주도 곳곳에 남아 있어요. 그중에서 사람들이 많이 찾아가는 세 곳을 함께 둘러보기로 해요.

장군석이라 불리는 외돌개

지금의 서귀포시 천지동 해안에 있는 외돌개는 제주시의 용두암과 함께 제주도의 대표적인 기암괴석이에요. 둘레 10미터, 높이 20미터 정도의 이 바위는 오랜 세월 동안 비바람과 파도에 깎이고 다듬어져서 조각 작품처럼 반듯하게 생겼어요. 또한 바다를 바라보며 서 있는 모습이 마치 백만 대군을 이끄는 대장군처럼 위풍당당해 보여서 '장군석'이라고도 불린답니다. 반란을 일으킨 마지막 싸움 터였던 범섬에 목호들이 숨어들자, 고려군 진영에서는 범섬에서 바라보이는 외돌개를 덩치가 큰 장수로 변장시켰대요. 그것을 바라본 반란군들은 고려의 대장군이 진을 친 것으로 생각하고 모두 스스로 목숨을 끊었다는 이야기가 전해져요.

서귀포시 천지동의 외돌개는 대장군처럼 위풍당당한 모습 때문에 '장군석'이라고도 불려요. 그 뒤쪽에 보이는 섬이 범섬이에요.

물빛과 물맛이 좋은 막숙물통

서귀포시 법환동 포구에는 막숙물통이라는 샘이 있어요. '막숙'이라는 지명은 당시 목호의 난을 토벌한 최영 장군의 고려군이 천막을 치고 숙영했던 곳이라 해서 붙여진 것이에요. 상수도가 보급되기

목호들이 최후를 맞이했다는 범섬 근처에 있는 막숙물통이에요.

숙영
군대가 훈련이나 전투를 하는 동안 부대 밖에서 머물러 지내는 일을 말해요. '노영'이라고도 한답니다.

전까지만 해도 마을 사람들은 이곳 샘물을 식수로 사용했대요. 지금도 물빛이 맑고 깨끗한 이곳 샘터는 빨래터나 물놀이터로 활용되고 있어요.

저녁 하늘에 홀로 빛나는 샛별, 새별오름

제주도에서 가장 넓고 큰 도로인 1135번 지방도로(서부관광도로 또는 평화로)를 지나다 보면 수많은 오름들이 차창 밖으로 나타났다가 사라져요. 그 오름들 가운데 가장 두드러져 보이는 것이 바로 새별오름이에요. 푸른 하늘을 날아다니는 새를 닮았다고 해서 '조비악'

매년 음력 정월 대보름날 새별오름 일대에서 열리는 들불축제 중 불꽃놀이 광경이에요.

이라고도 해요. 이곳이 최영 장군이 이끄는 고려 토벌군과 몽골인 목호들이 주축을 이룬 반란군 사이에 가장 큰 싸움이 벌어졌던 곳이에요.

새별오름은 서부 중산간 지대의 여러 오름들 중에서도 가장 넓고 고운 초원이 형성돼 있는 오름이에요. 해마다 음력 정월 대보름날 이곳에서 열리는 들불축제 덕택이지요. 들불축제는 제주도의 수많은 축제들 가운데 가장 많은 사람이 모이는 축제예요.

제주도에서는 옛날부터 목장 지대에 들불을 놓는 '화입'이라는 풍속이 전해 오고 있어요. 들불을 놓으면 풀밭이 깨끗해지고 진드기 같은 병충해가 크게 줄어들기 때문에 목장에서 풀을 뜯는 소나 말도 건강해진답니다. 가을과 초겨울의 새별오름은 온통 억새로 뒤덮이곤 해요. 바람이 불 때마다 마치 은빛 바다처럼 일렁거리는 새별오름의 억새밭은 다른 곳에서 보기 어려울 정도로 멋진 풍경을 자아내지요.

원당사의 '원'은 원나라의 '원'

신분 제도가 뚜렷한 원나라

몽골인들은 자기 민족을 가장 높은 신분으로 두었고, 색목인*은 중상층, 한인*은 하층, 남인*은 가장 천민으로 여겼어요. 하지만 원나라 세조는 고려인을 우수한 민족으로 인정해 색목인으로 대우했어요. 그리고 한자를 알고 학문적인 소양이 풍부한 고려인을 환관으로 삼아 궁궐에 머물게 했어요.

*색목인 : 원나라 때에 터키, 이란, 아라비아 등에서 온 외국 사람들을 가리키는 말이에요.
*한인 : 1234년에 몽골에 의해 멸망 당한 금나라의 유민을 가리키지만 여진, 거란, 발해, 고려, 화북의 중국 사람들도 다 포함돼요.
*남인 : 1279년 원나라에 망한 남송의 유민들을 가리켜요.

풍수가
풍수설에 따라 집터나 묏자리 따위의 좋고 나쁨을 가려내는 사람으로 장사, 지관, 지사, 풍수라고도 불러요.

고려를 지배하게 된 원나라는 여러 가지 방법으로 고려의 내정을 간섭했어요. 원나라는 원의 공주를 고려 왕의 왕비로 삼게 했으며, 고려의 젊고 예쁜 여인들을 원나라에 바치도록 했어요. 원나라에 바쳐진 여인들을 '공녀'라 불렀는데, 원나라는 1275년부터 약 80년 동안이나 계속해서 공녀를 요구했다고 전해져요.

몽골족을 오랑캐라 여기며 속으로 무시했던 고려 사람들 중에는 딸을 공녀로 내주지 않으려고 어린 딸을 일찍 결혼시키는 경우가 많았어요. 어린 나이에 결혼시키는 조혼의 풍습이 이때 생겨난 것이지요. 황후가 된 기 씨도 공녀로 바쳐진 고려 여인이었어요.

제주시 삼양동의 원당봉 기슭에 자리한 원당사는 공녀였던 기 씨가 황후가 되기 위해 세웠다고 전해지는 곳이에요. 기 씨는 고려의 풍수가를 시켜 좋은 땅을 골라 오층석탑을 세우고 천지신명께 정성스레 기도를 올리게 했어요. 원당사는 제주 4·3 사건 당시 불타 없어지고 오늘날 그 자리에는 불탑사가 들어섰지만, 오층석탑은 옛 모습 그대로 남아 있어요.

원당사 옛 터에는 불탑사 오층석탑이 옛 모습 그대로 남아 있어요.

기 씨가 원나라 궁궐에 머물고 있을 무렵, 그곳에는 고려인 궁녀뿐만 아니라 환관들도 아주 많았어요. 원나라가 고려에 환관으로 쓸 남자들을 요구했기 때문이지요.

환관
궁궐에서 임금의 시중을 드는 관리로 내시라고 불러요.

고려 조정과 환관들의 도움을 받은 기 씨는 원나라 순제의 아들을 낳은 이후 1339년에 원나라 황후가 되었어요. 황후가 된 기 씨는 권력을 이용하여 고려 조정의 정치에 관여하여 부정적인 평가를 받는 부분도 있어요. 하지만 고려를 위해 충렬왕 때부터 80여 년 간이나 계속되던 공녀와 환관을 바치는 제도를 금지했고, 고려를 원나라의 직할 성으로 만들자는 '입성론'을 사라지게 만들기도 했어요.

직할
중간에 다른 기구나 조직을 통하지 않고 직접 관리하는 거예요.

원당사 오층석탑에 얽힌 이야기
원나라 황후가 된 고려 여인

원나라의 마지막 황후인 기황후는 고려 사람으로서 황제 못지않은 권력을 손에 쥐었던 황후였어요. 고려에서 태어난 여인이 어떻게 해서 원나라의 황후가 되었을까요?

1333년 8월 원나라로 끌려간 기 씨는 원나라 황제인 순제에게 차를 올리는 일을 맡았어요. 순제는 총명한 기 씨를 좋아했어요. 기 씨가 황제의 사랑을 받자 황후는 그녀를 매우 미워했어요. 그러던 중 1335년 황후의 형제들이 반란을 계획한 일이 들통나 이 사건에 관련됐다는 이유로 황후가 사약을 받았어요. 황후가 죽은 뒤 순제는 공녀 기 씨를 황후로 삼으려고 했으나 신하들의 반대로 뜻을 이루지 못했어요. 원나라 황실에서는 태조인 칭기즈 칸 이래로 '옹기라트' 가문에서 황후를 맞이하는 전통이 있었기 때문이에요. 그래서 1337년 원나라 황실의 전통에 따라 옹기라트 가문의 빠앤후두가 황후가 되었어요. 하지만 기 씨는 새 황후보다 먼저 순제의 아들을 낳아 1339년에 황후의 자리에 올랐답니다.

기황후는 황제 못지않은 권력이 있어 고려에 큰 영향을 미쳤어요.

강한 태풍도 견디는 돌담

제주도의 바닷가 곳곳에는 아주 오래전에 쌓은 돌성이 지금까지 남아 있어요. 배를 타고 들어오는 외적을 막기 위해 해안선을 따라가며 쌓은 이 돌성을 '환해장성'이라 불러요. 제주도에 있는 환해장성의 총길이는 120킬로미터에 이른다고 해요. 그래서 조선 중기의 문신인 김상헌이 쓴 《남사록》이라는 책에서는 이 환해장성을 가리켜 '탐라의 만리장성'이라 했어요. 제주도 해안에서 흔하게 볼 수 있는 환해장성은 언뜻 보면 성이라기보다는 돌담에 가까워요.

《탐라지》의 기록에 따르면, 고려 원종 11년(1270)에 처음으로 환해장성을 쌓기 시작했어요. 진도에 진을 쳤던 삼별초가 제주도로 들어가는 것을 막기 위해 고려 관군이 군사들과 제주 사람들을 동원해서 바닷가에 돌성을 쌓은 거예요. 그 뒤 조선 시대에 들어서도 환해장성은 왜구들의 침입을 막기 위한 성으로 여러 차례 보수되었어요.

조선 말기인 헌종 11년(1845)에는 영국의 배들이 우도 앞바다에 머물며 하얀 깃발을 세우고 한 달 동안 측량하면서 돌을 모아 방위 표시를 한 일이 있었어요. 그 당시 제주목사였던 권직은 이를 괘씸히 여겨 군사를 총동원하여 전쟁 태세를 갖추었고, 제주의 주민들을 불러 모아 환해장성을 다시 쌓았지요. 지금까지 남아 있는 성들은 사실상 그때 보수했던 것으로 짐작돼요. 현재 환해장성이 비교적 뚜렷하게 남아 있는 곳으로

왜구의 침입을 막으려고 돌담을 계속 쌓았구나!

서귀포시 예래동 해안에 있는 환해장성의 모습이에요.

는 제주시 화북동, 성산읍 온평리, 구좌읍 행원리와 한동리, 그리고 동복리, 애월읍 애월리와 고내리, 서귀포시 예래동 등이에요.

무덤을 둘러싼 산담이에요.

돌, 바람, 여자가 많아서 삼다도라 불리는 제주도에는 어딜 가나 돌이 많고 돌담도 많아요. 바닷가에는 환해장성이 있고, 마을과 집 주변에는 돌담이 길게 이어져 있어요. 그리고 집 안에는 돼지를 기르는 화장실을 둘러싼 통시담이 있어요. 들녘과 밭에는 밭담, 오름 기슭의 양지바른 곳에 자리한 무덤 주위에는 산담이 둘러쳐져 있어요. 중산간 지대의 광활한 초원에는 조선 시대의 국영목장 경계선이었던 '잣성'이라는 긴 돌담이 지금까지도 남아 있어요. 밭담은 밭과 밭 사이의 경계를 구분할 뿐만 아니라, 방목 중인 말이나 소 등의 가축과 세찬 바람으로부터 농작물을 보호하는 역할을 해요. 크고 작은 자연석으로 듬성듬성 쌓아 올린 밭담은 구멍이 숭숭 뚫려 있어서 겉보기에는 허술해 보이지만 강한 태풍에도 쉽게 무너지지 않는답니다.

제주도의 밭과 밭 사이에는 돌담이 둘러쳐져 있어요.

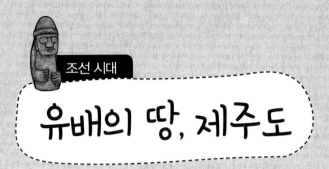

유배의 땅, 제주도

조선 시대에 들어서 제주도는 조선 조정의 지배를 받게 되었어요. 태종 4년(1404년)부터는 제주도에서 조상 대대로 세습돼 오던 성주와 왕자 자리가 없어졌고, 1416년부터는 제주도를 제주목, 정의현, 대정현으로 나눠 다스리는 삼읍제도가 실시됐어요.

조선 초기에는 제주도 사람들이 중앙 관직에 진출하기 위해 육지로 나가는 것이 허용됐어요. 또한 성종 때부터 인조 때까지 약 150년 동안에는 가난과 굶주림에 시달리던 제주도 사람들이 육지로 빠져나갔어요. 그리하여 제주도의 인구가 크게 줄자 약 200년 동안 육지로 나가지 못하도록 하는 출륙금지령이 내려졌어요.

또한 조선 시대의 제주도는 무거운 죄를 지은 사람이 유배를 왔던 곳이기도 해요. 조선 500여 년 동안 제주도에 유배된 사람을 헤아려 보면 약 200명이나 되었어요. 그들 중에는 제주도의 문화에 많은 영향을 끼친 사람들도 있어요. 조선 시대 말기에는 이재수의 난, 방성칠의 난 등과 같은 민란이 여러 차례 일어나기도 했어요. 지금부터 유배의 땅, 조선 시대의 제주도로 떠나 봐요.

제주목관아가 원래 모습을 찾았구나.

제주도에서는 지붕을
짚으로 엮은 초가집과
돌담들을 많이
볼 수 있단다.

우리가 돌아볼 곳들

관덕정, 김만덕기념관,
성읍민속마을, 하멜 상선 전시관,
대정읍 추사유배지와 삼의사비,
제주읍성 오현단

관덕정
김만덕기념관
제주읍성 오현단
성읍민속마을
대정읍 추사유배지와 삼의사비
하멜 상선 전시관

출륙금지령이 내려지다

중앙 집권
한 나라의 통치 권력이 각 지방별로 나눠지지 않고 중앙 정부에 몰려 있는 통치 형태를 말해요.

향교
고려 시대와 조선 시대에 시골에 두었던 교육 기관을 가리켜요.

성주
신라 때부터 조선 전기까지 제주도의 최고 지배자를 일컫던 말이에요. 조선 시대에는 제주도에서 가장 높은 관리였던 제주목사를 가리켜 성주라 부르기도 했어요.

1392년 7월 조선을 세운 태조 이성계는 건국 초기부터 강력한 중앙 집권 정책을 폈어요. 그에 따라 제주도에 대한 중앙 정부의 지배 구조도 강화되었어요. 태조 3년(1394) 3월에는 교육 기관이 하나도 없던 제주도에 향교를 설치했고, 태종 4년(1404) 5월에는 탐라국 이후 이어져 오던 성주를 없앴어요.

태종 8년 정월에는 고려 때 목호들이 말을 키우고 관리하기 위해 설치했던 '동서도아막'이라는 기관을 없앴어요. 그 대신 목장을 감독하는 감독관 2명과 진무 4명을 둬서 말들을 관리하게 했어요. 또한 군사용 배가 하나도 없는 제주도에 전라도의 배 만드는 기술자들을 보내서 군선 10척을 만들기도 했어요. 이 배들은 왜구의 침입에 대비하기 위해 만들었는데, 수령과 사신들이 육지와 제주도 사이를 오갈 때에도 사용됐어요.

조선 조정은 제주도의 인구가 크게 줄어들자 출륙금지령을 내렸어요.

태종 9년에는 제주도 사람이 한양에 있는 여러 관아의 벼슬에 지원하는 것을 허락했어요. 또한 백성들이 기르는 말들 중에서 수레용이나 농사용 외에 승마용에 한해서는 육지로 갖고 나가는 것을 허락했어요. 그래서 개인 소유의 말들을 사고파는 사람도 나타났어요.

제주도의 전체 인구가 고려 원종 15년(1274)에 1만 223명이었다고 해요. 그러던 것이 조선 세종 무렵에는 6만 3474명으로 무려 6배로 크게 늘었어요. 조선 시대에 이르러 제주도 인구가 갑자기 늘어나자 조정에서는 너무 많이 늘어난 인구를 조절하기 위해 전라도와 충청도로 사람들을 이주시켰어요. 그리고 소나 말을 훔친 도둑을 비롯한 범죄자들은 황해도나 평안도로 강제 이주시켰어요. 이렇게 하여 제주도의 인구를 어느 정도 줄이는 데 성과를 거뒀어요. 그런데 30년쯤 뒤에는 정반대의 현상이 나타났어요.

수령
고려 시대와 조선 시대에 각 고을을 맡아 다스리던 지방관들을 일컬어요.

법을 어기고 제주도를 떠난 두모악

15세기에서 18세기 초까지 출륙금지령이 내려진 제주도를 몰래 빠져나가 전라도와 경상도 연안에 정착하여 사는 제주 사람들을 두모악이라 했어요. 두모악은 조선 조정에서 무리하게 공물과 부역을 요구하고 관리들의 수탈이 심해지자 생겨났어요. 이들은 언어와 생활 양식 등이 달라 경상도나 전라도 지역의 육지 사람들과도 떨어져 따로 모여 살았어요. 주로 전복 따는 일을 하는 등 조정에 바칠 해산물을 캐 내면서 살았지요. 하지만 조정의 강력한 통제를 받으며 살아야 했고, 다시 제주도로 보내지기도 했어요. 17세기 이후에는 육지에 정착해 일반 양민으로 살기도 했어요.

성종 원년(1470)부터 인조 2년(1624)까지 약 150년 동안 몹시 가난해서 굶주림에 허덕이던 제주도 사람들이 섬 밖으로 빠져나가는 바람에 인구가 급격하게 줄어든 것이에요. 그래서 조정에서는 인조 7년(1629)부터 순조 25년(1825)까지 약 200년 동안 제주도 사람들이 섬 밖으로 나가지 못하도록 '출륙금지령'을 내렸어요. 이 때문에 제주도 사람들은 섬에 갇힌 채 육지와 단절된 생활을 하게 됐어요.

제주도의 인구 조절 정책 때문에 200년 동안이나 출륙금지령을 내리다니! 제주도 사람들이 불쌍해.

경제·행정의 중심지, 제주읍성

국립제주박물관은 조선 시대의 제주읍성을 모형으로 재현해 놓았어요.

 평지성
평평한 땅이나 들녘에 자리 잡은 성을 말해요. 우리나라의 성은 크게 산성과 읍성으로 나뉘는데, 산성은 산등성이나 산중턱에 위치하고 읍성은 대개 평지에 들어섰어요.

제주도에서는 태종 16년(1416) 5월부터 삼읍제도가 실시되었어요. 삼읍의 각 중심지에는 모두 읍성이 축조되었어요. 읍성은 주민들이 가장 많이 사는 곳에 들어섰기 때문에 모두 평지성이에요.

제주 삼읍 중에서도 제주도의 경제·행정의 중심지였던 제주목에는 제주읍성이 있었어요. 제주목사가 근무하는 제주목관아와 그 주변을 둘러싼 성이 바로 제주읍성이랍니다. 이 성은 탐라국 시대에 처음 쌓았던 것을 고려 시대에 왜구의 침입을 막기 위해 수리했던 것으로 짐작하고 있지요.

조선 시대 제주읍성에 대해 처음 기록한 책은 《세종실록지리지》예요. 이 책에는 '태종 11년(1411)에 제주읍성을 다시 쌓았으며, 둘레는 4700척(1420여 미터), 높이는 11척(3.3미터)'이라고 적혀 있어요. 그리고 1555년에 발생한 을묘왜변을 계기로 제주읍성의 규모가 더욱 커졌다고 해요. 당시 제주읍성 밖의 동쪽 언덕에 진을 친 왜구들이 성안을 훤히 들여다보면서 공격을 해 왔기 때문이에요. 그래서 1565년에 제주목사로 새로 부임한 곽흘은 제주읍성을 동쪽으로 더 넓혔어요. 을묘왜변 때 왜구들이 진을 쳤던 그 언덕이 성안에 들어오도록 하기 위해서였죠. 더욱이 성 밖으로 흐르던 산지천이 성안으로 들어옴으로써 식수 걱정을 덜게 되었어요. 그

을묘왜변

조선 명종 10년(1555)에 60여 척의 배를 타고 온 왜구들이 전라도 영암, 강진, 진도, 제주 일대에 침입한 사건이에요. 그때 왜구를 막던 전라병사와 장흥부사가 전사했고, 영암군수는 붙잡혔어요. 그러나 왜구들은 영암전투에서 이준경이 이끄는 조선 관군들에게 크게 패한 뒤 일본 대마도로 도망갔어요.

러나 일제 강점기인 1925~1928년 사이에 산지항 확장 공사를 하면서 제주읍성을 헐고 그 돌로 바다를 메웠어요. 그렇게 해서 제주읍성은 현재 오현단 부근을 비롯한 몇 군데만 옛 모습 그대로 남아 있고, 대부분은 헐려 버렸어요.

2002년 12월에 제주목관아 복원 공사가 마무리되었어요.

제주읍성 안에 있던 제주목관아는 일제 강점기에 관덕정을 제외한 모든 건물들이 헐렸어요. 그 뒤로 한동안 흔적조차 찾아보기 어려웠다가 지난 1991년부터 여러 차례의 발굴과 철저한 고증 작업을 거친 끝에 마침내 2002년 12월 옛 제주목관아의 복원 공사가 마무리되었어요. 복원 공사에 들어간 5만여 장의 기와는 모두 제주 시민들이 직접 산 것을 사용했다고 해요.

마을이나 성문 앞을 지키는 돌하르방

관덕정 앞에는 모두 4개의 돌하르방이 있어요. 서로 비슷한 것 같기도 하지만 찬찬히 뜯어 보면 저마다 표정과 인상이 조금씩 달라요. 앞쪽의 둘은 무뚝뚝하고 근엄한 반면에, 뒤쪽의 돌하르방들은 엷은 미소를 띤 듯하며 인상이 한결 부드러워 보이지요. 오늘날 제주도의 상징물로, 관광 상품으로 널리 알려진 돌하르방의 대부분이 이곳의 돌하르방을 본뜬 것이에요.

관덕정 주변에 세워진 것을 비롯한 제주도의 모든 돌하르방은 육지의 돌장승과 같은 역할을 한답니다. 마을의 입구나 성문 밖에 서서 나쁜 귀신이나 잡신이 들어오는 것을 막아 주지요. 이 돌하르방들도 원래 제주읍성의 성문 밖을 지키다가 1754년에 지금의 자리로 옮겨졌다고 해요.

관덕정 앞에 세워진 돌하르방

관덕정의 대들보 위에 '호남제일
정'과 '탐라형승'이라고 쓴 현판
이 걸려 있어요.

관덕정

제주목관아 정문에 자리 잡은 관덕정

제주목관아의 정문인 진해루 앞에 자리 잡은 관덕정(보물 제322호)은 제주도에서 가장 오래된 건물이에요. 조선 세종 때에 처음 지어진 뒤

제주목관아의 정문인 진해루

로 수차례에 걸쳐 보수되거나 다시 지어졌다고 해요. 처음에는 군사훈련장으로 지었다가 나중에는 제주목사가 주관하는 회의장이나 잔치를 베푸는 장소로도 쓰였어요. 그리고 가끔씩은 죄인을 다스리는 형장으로 활용되기도 했어요. 신축년농민항쟁(1901년) 당시 이재수를 비롯한 장두들이 천주교도들을 관덕정 광장에서 처형했어요.

관덕정 안의 천장에는 한자로 '호남제일정'이라고 쓴 현판이 걸려 있어요. 제주도가 조선 시대부터 해방 직후까지 전라도에 속했기 때문에 관덕정을 호남제일정이라고 했던 것이에요. 오랫동안 전라도에 속했던

제주도가 1948년에 도로 승격되자 관덕정은 제주도의 임시 도청으로 쓰였어요. 그러다가 1952년에는 제주도의회 의사당이 되었고, 한때는 북제주군청의 임시 청사로도 활용됐어요. 1956년에는 미국 공보원의 상설 문화원으로 사용되기도 했어요.

공보원
국가나 지방 공공 단체가 국민에게 어떤 상황이나 정보를 알리기 위해 설치한 기관이에요.

제주 관덕정은 '호남제일정'이라 불릴 정도로 큰 정자랍니다. 세종 30년(1448) 제주목사 신숙청이 군사를 훈련시킬 목적으로 처음 지었다는 이 정자에는 전설이 전해 오고 있어요. 어떤 전설인지 살펴보아요.

신숙청은 관덕정을 짓기 위해 유명한 목수들을 다 불러들였어요. 그런데 이상하게도 건물을 다 지으면 무너지고, 다시 지으면 무너지기를 되풀이했어요. 이 정자를 지은 사람들은 모두 최고의 목수들이었지만, 다 지으면 곧바로 무너져 버리는 까닭을 알 수 없었어요.

그렇게 공사가 한창이던 어느 날, 스님 한 분이 공사 현장 앞을 지나가다가 이렇게 말했어요.

"또 쓰러지겠는걸."

이에 목수들은 호통을 쳤어요.

"당신이 뭘 안다고 재수 없는 소리를 하고 그래?"

하지만 건물은 이번에도 완공되자마자 다시 무너지고 말았어요. 그때서야 스님의 이야기가 틀리지 않았음을 깨달은 목수들은 그 스님을 찾아다녔어요. 마침내 한 달 만에 찾은 스님에게 건물이 무너지지 않는 방법을 알려 달라고 애원했어요. 그러자 스님은 이렇게 말했어요.

"상량식*을 할 때 닭이나 돼지가 아닌 사람을 바쳐야 합니다."

그 말에 깜짝 놀란 목수들이 되물었어요.

"어떻게 사람을 죽여서 상량식을 합니까?"

"어려운 일은 아닙니다. 아무 날 아무 시에 '상량' 하고 큰 소리로 외치면 때마침 지나가던 솥 장수가 죽을 것입니다. 그런 다음 상량식을 치르면 됩니다."

목수들은 스님의 말을 따르기로 하고 다시 공사를 시작했어요. 어느덧 상량할 날이 되었어요. 목수들이 상량식을 준비하고 있는데, 마침 동쪽에서 솥 장수가 큰 솥 하나를 머리에 이고 걸어오고 있었어요. 그 솥 장수가 관덕정 앞마당에 이르렀을 때 목수들은 큰 소리로 외쳤어요.

"상량!"

그 소리를 들은 솥 장수가 이게 무슨 소리인가 싶어서 머리를 들어 쳐다보는 순간, 머리에 이고 있던 솥이 떨어지면서 솥 장수가 깔려 죽고 말았어요. 그렇게 해서 상량식을 마치자 관덕정은 다시 무너지지 않고 완공할 수 있었다고 해요.

* 상량식 : 건물을 지을 때 가장 중요한 공사는 기둥에 대들보를 얹는 것인데, 이때 치르는 의식이에요.

침입을 알리는 봉수대와 연대

　오랜 옛날부터 제주도에는 왜구들이 자주 침입해 왔어요. 특히 고려 말에는 왜구의 침입이 매우 심했어요. 고려 말 제주도의 해안 지방에 살던 주민들이 중산간 지대로 이주하기 시작한 것이나 황금어장인 우도의 입도*가 조선 말에야 공식 허용된 것 모두 왜구의 침입 때문이었어요. 또한 왜구의 침입을 알리기 위해 약 120여 킬로미터에 이르는 제주도의 해안선을 따라서 봉수대*와 연대가 세워졌어요. 그뿐 아니라 오늘날의 제주시 구좌읍 하도리 바닷가에 별방성을 쌓은 것도 왜구의 침입과 노략질 때문이었어요. 특히 지리적으로 일본과 가까운 성산일출봉 일대의 동부 해안은 왜구가 침입할 때마다 발생하는 인명과 재산의 피해가 매우 컸다고 해요.

　왜구들의 배가 나타나면 성산일출봉에 세워진 봉수대에서 곧바로 연기를 피우거나 횃불을 밝혀 신호를 보냈어요. 그 신호는 서로 인접한 봉수대와 연대를 거치면서 삽시간에 온 섬으로 퍼졌어요.

제주시 동쪽에 위치한 조천읍 바닷가의 조천 연대 모습이에요.

제주 바닷가 곳곳에는 적의 침입을 감시했던 연대가 아직도 남아 있어요.

연대도 횃불과 연기를 이용해 급한 소식을 전하던 옛날의 통신 수단이에요. 주로 산 정상에 설치되어 50리 밖의 먼 곳을 감시하는 봉수대와는 달리, 연대는 바닷가의 언덕이나 오름에 설치되어 외적의 감시와 방어를 맡았어요. 앞바다에 수상한 배가 나타나면 봉수대에서도 그 배를 발견할 수 있지만, 그 배의 정체를 확인하는 것은 연대 근무자의 임무였어요.

조선 시대에는 3성, 9진, 25봉수, 38연대가 제주도에 설치되었어요. 연대의 신호는 평상시에 1개, 외국 배가 보이면 2개, 배가 근접해 오면 3개, 외적이 육지에 상륙하면 4개, 전투가 발생하면 5개가 올려졌어요. 비가 와서 불과 연기를 피울 수 없을 때에는 사람이 직접 달려가서 알리기도 했어요.

왜구가 침입할 때마다 제주도 사람들의 고통이 얼마나 심했던지, 제주도의 전래동요 중에는 '성산망에 불 싸라 / 지미망에 불 싸라' (성산봉에 불 놓아라 / 지미봉에 불 놓아라)라는 노랫말이 아직도 남아 있대요.

* 입도 : 섬에 들어가서 사는 것을 말해요.
* 봉수대 : 외적이 침입할 때 불과 연기로 신호를 올리던 곳이에요. 낮에는 토끼 똥을 태운 연기로, 밤에는 불로 신호를 보냈어요.

여기서 잠깐!

횃불의 개수로 배의 정체를 알아요!

다음 빈칸에 알맞은 숫자를 보기 에서 골라 써 넣으세요.

조선 시대 제주도에는 38개의 연대가 설치되어 왜구와 같은 적이 침략하면 횃불로 신호를 보냈어요. 평상시에는 횃불 (　　)개, 외적이 육지에 상륙하면 (　　)개, 전투가 발생하면 (　　)개로 신호를 보냈어요.

보기　　1, 2, 3, 4, 5

☞ 정답은 112쪽에

성읍민속마을로 떠나요

성읍민속마을의 초가집

성읍민속마을의 남문과 돌하르방

서귀포시 표선면 성읍리의 성읍민속마을(중요민속자료 제188호)은 조선 시대에 제주 삼읍 중 하나였던 정의현의 현청이 자리했던 곳이에요. 그런데 정의현의 현청이 처음부터 이곳에 있었던 것은 아니에요. 1416년 지금의 서귀포시 성산읍 고성리에 처음 현청을 설치했어요. 하지만 바닷가에 위치한 고성리는 동쪽으로 치우쳐 있고, 게다가 왜구들의 침입이 잦은 우도와도 가깝다는 문제가 있었어요. 결국 세종 5년(1423)에 지금의 성읍마을로 현청을 옮겼어요. 제주도의 옛 풍경과 풍속을 많이 간직하고 있는 성읍민속마을에는 지금도 주민들이 살고 있어요.

성읍민속마을은 원래 길이 1.2킬로미터의 네모반듯한 석성에 둘러싸여 있었어요. 그러나 지금은 성벽의 일부와 남문, 서문만 복원돼 있어요. 남문과 서문, 동문터 밖에는 흔히 봤던 돌하르방과 사뭇 다른 느낌의 돌하르방이 4개씩 서 있어요. 그리고 옛 북문 쪽의 성안에는 600년이 넘었다는 느티나무와 팽나무(천연기념물 제161호) 몇 그루, 그리고 옛날에 현감이 정사를 돌보던 일관헌이 있어요.

성읍민속마을에는 '오돌또기, 산천초목, 맷돌노래' 등의 전통민요와 제주도만의 독특한 향토음식, 그리고 사투리 등의 무형문화재가 고스란히 남아 있단다.

옛 정의현의 현청이었던 일관헌과 그 주변 고목의 모습이에요.

성읍민속마을 안에는 오름처럼 둥그런 초가집이 빼곡히 들어차 있고, 집과 집 사이에는 현무암으로 쌓은 돌담길이 길게 이어져요. 이 마을의 여러 초가집 가운데서도 원래의 모습이 비교적 잘 간직된 열 채는 현재 중요민속자료로 지정돼 있어요. 옛 모습 그대로의 올래와 정낭을 지나 집 안에 들어서면 제주도 전통 집들의 특징 중 하나인 통시와 우영도 눈에 띄어요. 제주도 중산간 마을의 전통적인 살림집의 구조와 형태를 알고 싶다면 그 집들을 꼼꼼히 살펴보아요.

제주도의 대문, 정낭

옛날 제주도의 집에는 대문이 없었어요. 그 대신 세 개의 구멍이 있는 돌을 양쪽에 세우고 긴 나무 세 개로 주인이 있는지 여부를 표시했는데, 그 나무를 정낭이라고 해요. 정낭이 하나만 걸쳐 있으면 주인이 잠깐 외출한 것이고, 두 개가 걸쳐 있으면 좀 더 긴 시간 동안 밖에 나가 있을 거라는 표시예요. 그리고 세 개가 다 걸쳐 있으면 하루 종일 외출 중이므로 나중에 다시 찾아오라는 뜻이에요.

대문 대신 세 개의 장대로 주인이 있는지 없는지 표시했어요.

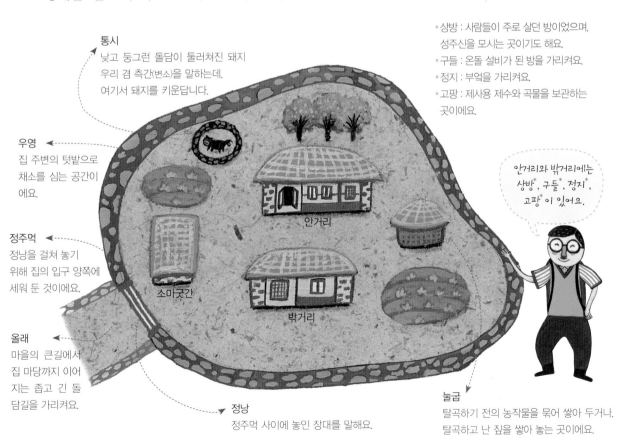

통시
낮고 둥그런 돌담이 둘러쳐진 돼지우리 겸 측간(변소)을 말하는데, 여기서 돼지를 키운답니다.

우영
집 주변의 텃밭으로 채소를 심는 공간이에요.

정주먹
정낭을 걸쳐 놓기 위해 집의 입구 양쪽에 세워 둔 것이에요.

올래
마을의 큰길에서 집 마당까지 이어지는 좁고 긴 돌담길을 가리켜요.

정낭
정주먹 사이에 놓인 장대를 말해요.

눌굽
탈곡하기 전의 농작물을 묶어 쌓아 두거나, 탈곡하고 난 짚을 쌓아 놓는 곳이에요.

*상방 : 사람들이 주로 살던 방이었으며, 성주신을 모시는 곳이기도 해요.
*구들 : 온돌 설비가 된 방을 가리켜요.
*정지 : 부엌을 가리켜요.
*고팡 : 제사용 제수와 곡물을 보관하는 곳이에요.

안거리와 밖거리에는 상방*, 구들*, 정지*, 고팡*이 있어요.

안거리
소마굿간
밖거리

유럽에 조선을 알린 하멜

헨드릭 하멜(1630~1692)은 네덜란드 동인도회사의 선원이었어요. 그는 효종 4년(1653)에 동인도회사의 상선 스페르웨르 호를 타고 타이완을 거쳐 일본 나가사키로 항해하던 도중에 태풍을 만나서 동료 선원 36명과 함께 제주도 해안에 표류하게 됐어요. 제주목사 이원진의 심문을 받고 한양으로 끌려간 하멜 일행은 1627년에 제주도에 표류하여 조선인으로 귀화한 벨테브레의 통역으로 효종과 마주하기도 했어요. 하멜은 당시 한양에서 겪었던 일을 이렇게 묘사했어요.

> "우리가 몇몇 높은 관리들 앞에 모습을 드러냈을 때에 그들은 우리를 매우 신기하다는 표정으로 쳐다보았다. 우리 생김새가 괴물처럼 생겼다는 소문이 퍼져 있었기 때문이다."

하멜 일행은 2년 동안 한양에서 살다가 효종 7년(1656) 전라도의 병영(지금의 강진군 병영면)으로 옮겨 살게 됐어요. 그곳에서 병이 나는 등 여러 가지 이유로 14명이 죽고, 남은 22명은 현종 4년(1663)에 남원, 여수, 순천 등지로 흩어져서 관청의 잡일을 했어요. 여수의 전라좌수영에 배치된 하멜은 1666년에 조선을 탈출해 일본으로 건너갔어요. 조선에 들어온 지 14년 만의 일이었죠.

그 뒤 하멜은 조선 땅에서 겪은 일들을 상세히 기록한 보고서를 작성했어요. 우리에게 《하멜 표류기》로 알려진 이

표류
물 위에 떠서 정처 없이 흘러가는 것을 말해요.

서귀포시 안덕면 용머리해안 산책로 입구에 하멜 일행이 타고 온 상선을 그대로 재현한 하멜 상선 전시관이 들어서 있어요.

보고서는 사실 조선에 억류돼 있던 14년 동안 일한 대가를 받기 위해 만든 서류 중 하나였어요. 하멜 일행이 조선의 여러 곳을 옮겨 다니면서 직접 겪은 생활과 당시 조선의 제도, 문물, 풍속들을 상세히 적은 이 보고서는 책으로도 출간돼 큰 인기를 끌었어요. 네덜란드어로 처음 출간된 이후 프랑스 어판, 독어판, 영어판이 잇달아 출간된 《하멜 표류기》는 당

1656년 3월부터 1662년 2월까지 하멜 일행이 머물렀던 전남 강진군 병영에 있는 '하멜식 담쌓기'라고 불리는 돌담의 모습이에요.

시 유럽에 우리나라를 처음 소개했을 뿐만 아니라, 당시의 조선 사회를 알아보는 데에 귀중한 자료이기도 해요.

1980년 제주도 서귀포시 안덕면 용머리해안 근처의 바닷가 언덕에 하멜기념비가 세워졌어요. 그리고 2003년 8월에는 하멜 일행이 타고 온 상선을 그대로 재현한 '하멜 상선 전시관'이 문을 열었어요. 용머리해안의 산책로 입구에 세워진 이 전시관은 길이 36미터, 폭 8미터, 높이 11미터, 돛대높이 32미터의 거대한 범선을 고스란히 재현해 놓은 것이에요. 하멜 일행이 탔던 스페르웨르 호를 80퍼센트 크기로 복원한 것이지요. 범선 안의 전시실에는 하멜 일행의 표류 과정부터 보고서 출간에 이르기까지 하멜과 관련된 갖가지의 자료와 영상물이 전시돼 있어요.

여기서 잠깐!

하멜에 대해 알아보아요.

다음 중 하멜과 관련 없는 것을 고르세요. ( )

① 네덜란드　　　　② 하멜 표류기　　　　③ 스페르웨르 호
④ 전라남도 강진군 병영　　　⑤ 서귀포시 성산읍 신천 목장

도움말 하멜 상선 전시관은 서귀포시 안덕면 용머리해안에 있어요.

☞ 정답은 112쪽에

조선 시대 최고의 유배지

서귀포시 대정읍 안성리에 추사 김정희가 유배되어 살았던 집을 복원해 놓았어요.

사화
조선 시대에 일어난 정치적인 싸움을 뜻해요.

실학
조선 시대 후기에 실제 생활의 이익을 목표로 삼은 새로운 학문으로 '실사구시 학문'을 줄인말이에요.

제주도는 왕이 사는 중심지에서 가장 멀 뿐 아니라 험한 바다로 가로막혀 있어서 유배지로 적절한 곳이었어요. 제주도는 고려 때 이미 중국에 의해 유배지로 사용된 적이 있어요. 그 이후 조선 시대 특히, 사화가 있었던 연산군 이후부터 본격적으로 유배지로 사용되었답니다. 조선 500년 동안 제주도에 유배된 사람은 적어도 200여 명에 이른다고 해요. 단순한 범죄자가 아니라 정치적인 이유로 사화나 당쟁에 연루되어 제주도에 유배 온 사람들이 많았는데, 대개 학자와 관리들이었어요. 제주도에 유배된 사람들은 대부분 5년 이상 머물렀고, 심지어 광해군을 비롯한 많은 사람들은 죽을 때까지 제주도를 벗어나지 못했어요. 이들은 제주도에 유배되어 생활하면서 제주 사람들의 문화와 사상에 커다란 영향을 주었어요. 추사 김정희(1786~ 1856)도 그중 한 사람이에요.

추사의 집에는 그에게 가르침을 받으려는 사람들의 발길이 끊이질 않았어요.

추사는 어렸을 때에 박제가로부터 실학을 배웠으며, 24세 때에는 사신인 아버지를 따라 청나라의 연경(지금의 베이징)에 가서 중국 최고의 학자에게 학문을 배우기도 했어요. 1819년 과거에 급제한 추사는 병조 판서에까지 올랐어요. 하지만 1830년 추사의 아버지가 '윤상도의 옥사'라는 사건에 휘말려 전라도의 고금도로 귀양을 간

제주도의 관리들과 유배 온 사람들이 한양에 있는 왕을 그리워하며 절을 했다는 연북정의 모습이에요.

일을 빌미 삼아 그로부터 10년 뒤 윤상도는 처형당하고 추사는 제주도로 유배 당했어요.

당시 중죄인들만 오는 유배지에서 귀양살이를 해야 하는 추사의 절망감은 컸을 거예요. 하지만 대정현에 도착한 추사는 금세 제주도의 아름다운 경치에 마음을 빼앗겼어요. 또한 추사의 처소에는 그의 가르침을 받으려는 사람들의 발길이 끊이질 않았어요. 그중 이상적이라는 제자에게 그림을 그려 선물했는데, 이 그림이 바로 우리나라 문인화의 대표작인 세한도예요.

훗날 제주도 사람들이 "제주도의 문예가 추사로부터 비롯되었다."라고 말할 정도로 추사가 제주도의 문예 발전에 끼친 영향은 매우 컸어요.

현재 서귀포시 대정읍 안성리에 자리한 추사의 유배지에는 추사가 살았던 옛집을 당시의 모습 그대로 복원해 놓았어요.

처소
사람이 눌러앉아서 살거나 임시로 머무는 곳이에요.

제주읍성 오현단

제주도에 유배된 사람들 중에서 김정, 송인수, 김상헌, 정온, 송시열 다섯 명은 제주도 문화와 사상을 크게 발전시켜 제주 오현단으로 꼽힌답니다. 제주시 이도1동의 제주읍성 옆에 마련된 오현단에는 이들의 위패를 상징하는 비석이 세워져 있어요.

제주시 이도1동의 제주읍성과 오현단

이재수의 난은 왜 일어났을까?

추사적거지에서 나와 길을 건너면 큰길가에 삼의사비가 서 있어요.

대정읍성 부근의 삼의사비

진원지
사건이나 소동 따위를 일으킨 근원이 되는 곳이에요.

봉세관
세금을 거두는 관리예요.

토호
어느 한 지방에서 오랫동안 살면서 대단한 세력을 갖게 된 사람을 가리켜요.

추사 김정희가 유배 생활을 했던 추사유배지 옆에는 대정읍성이 있어요. 왜구의 침입을 막기 위해 조선 태종 17년(1417)에 처음 세웠다는 석성이에요. 제주삼읍 중 하나인 대정현의 관아가 자리했던 곳이지요. 대정읍성은 조선 시대에는 대정현의 인성리, 안성리, 보성리 등의 세 마을을 모두 에워쌀 만큼 규모가 컸다고 해요. 그러나 지금은 옛 모습대로 복원된 일부 구간을 제외하고는 대부분 허물어졌어요.

대정읍성의 동문터 밖에는 한자로 '제주대정삼의사비'라고 쓰여진 비석이 서 있어요. 신축년(1901년)의 농민항쟁을 이끈 이재수, 오대현, 강우백을 기리는 비석이에요. 비를 처음 세운 곳은 농민 항쟁의 진원지였던 안성리 마을의 공동우물 옆이었으나, 지난 1988년에 지금의 자리로 옮겼어요.

흔히 '이재수의 난'이라 불리는 신축년농민항쟁은 프랑스를 등에 업은 천주교인들의 횡포와 봉세관들의 부패가 발단이 되어 시작됐어요. 1900년부터 제주도에서 포교를 시작한 프랑스인 신부들은 오랫동안 전통 신앙에 의지해 온 섬사람들을 야만인으로 취급했고, '나와 같이 대접하라.'라는 뜻의 한자인 '여아대'라는 문구와 조선 26대 왕 고종의 직인이 찍힌 신분증을 앞세워 온갖 횡포를 부렸어요.

게다가 토호와 무뢰배, 봉세관들까지도 천주교인이 되거나 프랑스 사람들과 결탁해 주민들에게 온갖 나쁜 짓과 가렴주구를 일삼았어요. 마침내 이재수를 비롯한 세 장두를 중심으로 한 대정읍 일대의 농민들은 '천주교도 타도'를 외치며 들고일어났어요. 마침내 이 사건은 제주도 전체로 퍼져 나갔고, 동진과 서진으로 나뉘어 제주성을 점령한 농민군은 온갖 나쁜 짓을 일삼던 천주교도 수백 명을 관덕정 앞에서 처형했어요.

사태가 매우 심각해지자 프랑스 함대가 출동했고 조정에서도 군대를 파견해 농민군을 진압했어요. 그리고 농민군을 이끈 세 장두는 한양으로 압송되어 그해 10월 9일에 교수형을 당했어요. 또한 프랑스는 이자까지 포함한 배상금을 요구하는 등 정치적·경제적인 보복을 하였어요.

조선 시대에는 서구 세력의 영향을 받아 사회를 급격히 개혁하려는 조정에 대한 반란이 이곳저곳에서 계속 일어났어요. 제주도에서 일어난 이재수의 난도 이러한 반란 중 하나예요. 이재수의 난은 경제적 고립과 무거운 과세, 그리고 천주교인들의 횡포에 반대하여 들고일어난 자주적인 항쟁이에요. 농민들 스스로 억압으로부터 벗어나려는 움직임이 시작된 것이었다고 할 수 있어요.

무뢰배
일정하게 사는 곳도 없고, 하는 일도 없이 떠돌아다니는 무리를 말해요.

가렴주구
세금을 가혹하게 거두어들이고, 무리하게 재물을 빼앗는 것을 가리키는 말이에요.

장두
옛날에 여러 사람이 서명한 고소장이나 청원장의 맨 첫머리에 이름을 적는 사람을 말해요.

여기서 잠깐!

농민들은 왜 들고 일어났을까요?

1901년에 일어난 '이재수의 난'의 직접적인 원인이 된 것을 모두 고르세요. (   )

① 천주교도들의 횡포가 심했어요.
② 제주 토속 종교와의 다툼이었어요.
③ 출륙금지령으로 인해 농민들의 불만이 컸어요.
④ 많은 세금을 내야 하는 어려움을 겪었어요.
⑤ 서구 세력의 영향으로 사회, 정치, 경제 구조를 급격히 개혁하려는 조정에 반대하여 난을 일으켰어요.

☞ 정답은 112쪽에

의로운 제주 여인, 김만덕

　김만덕은 제주도에 큰 흉년이 들자 전 재산을 들여 육지에서 쌀을 사와 모두 진휼미*로 내놓았던 조선 시대의 상인이에요. 아직도 제주도에서는 김만덕을 '의로운 여인'이라는 뜻의 '의녀'라고 부른답니다.

　만덕은 영조 15년(1739)에 양갓집에서 태어났어요. 만덕의 아버지는 장사 수완이 좋아서 제주도와 전라도 사이를 오가며 장사를 했어요. 하지만 만덕이 11세 되던 해 아버지가 배 사고로 죽음을 맞고 어머니도 뒤이어 세상을 떠나 만덕은 결국 고아가 되었어요. 만덕은 돈을 벌어 어려운 사람들을 돕기로 작정하고 제주읍성에 객주를 차려 장사를 시작했어요.

　만덕은 제주도의 특산물인 말총*, 미역, 전복, 우황*, 진주 등을 전라도와 경상도 일대의 도시에 내다 팔았어요. 그리고 육지에서는 주로 옷감, 장신구, 화장품 등과 같은 물품을 들여와서 제주도 여자들에게 팔았어요. 장사 수완이 뛰어난 만덕은 육지 항구 도시의 객상*들과 연락하며 체계적인 유통망을 만들었어요. 또한 제주와 육지 사이를 오가는 배도 여러 척을 갖게 되었고, 한양에서도 만덕의 상품이 팔렸어요. 그러한 노력으로 만덕은 제주도에서 가장 큰 부자가 되었어요.

　정조 14년(1770)부터 1794년까지 5년 동안 제주도에 큰 흉년이 들어 백성들이 굶어 죽을 처지에 놓이자 조정에서는 쌀 2만 섬을 제주도로 보냈어요. 하지만 쌀을 싣고 제주도로 향하던 배들 가운데 5척이 태풍으로 침몰하여 쌀 1만 1000섬이 바다에 가라앉아 버렸어요. 그렇게 되자 식량 부족으로 인해 제주도 사람들의 상당수가 굶어 죽을 위기에 놓였어요. 이에 만덕은 자신의 모든 재산을 처분해서 직접 육지로 건너가 쌀을 사 와서 굶주린 주민들에게 나눠주었어요. 만덕은 수천 명에 이르는 제주도 주민들의 목숨을 구했어요.

　만덕의 선행이 널리 알려지자 정조도 크게 감동하여 만덕의 소원이 무엇인지를 알아보라고 했어요. 만덕은 한양에 가서 임금님을 한번 뵙는 것과 천하절경이라는 금강산을 구경해 보는 것이 소원이라고 하였어요. 정조가 그 소원을 들어줘 만덕은 한양과 금강산을 구경했다고 해요.

만덕은 순조 12년(1812)에 74세의 나이로 세상을 떠났어요. 무덤은 제주읍성이 잘 보이는 '가운이마루'(지금의 제주시 화북동)에 있어요. 세월이 흘러 만덕의 묏자리에 공장 시설이 들어서게 되어 지난 1977년 1월에 사라봉의 모충사로 옮겨졌어요. 제주도에서는 1980년부터 김만덕의 공덕을 기리기 위해 사회봉사에 공헌한 제주도 여자를 매년 한 명씩 선정하여 '만덕봉사상'을 주고 있답니다.

김만덕이 살던 당시는 출륙금지령 때문에 제주 사람이 육지로 나갈 수 없었어요. 하지만 정조는 특별히 만덕의 공로를 인정해 소원을 들어줬다고 해요.

* 진휼미 : 옛날에 흉년이 들었을 때 굶주린 백성을 구하기 위하여 나라에서 나눠 주던 쌀을 말해요.
* 말총 : 말의 갈기나 꼬리의 털을 말해요. 탕건이나 갓을 만드는 데 썼어요.
* 우황 : 소의 쓸개 속에서 병으로 생긴 덩어리예요. 열을 없애고 독을 푸는 작용을 하기 때문에 중요한 한약재로 쓰여요.
* 객상 : 제 고장을 떠나 다른 고장에 가서 장사하는 사람들을 말해요.

장사로 많은 돈을 번 김만덕은 굶어 죽을 위기에 있던 사람들에게 쌀을 나눠 주었어요.

혼란의 시기를 겪어낸 제주도

　일제 강점기에 제주도에서 벌인 항일 운동은 그 어느 곳보다도 활발하게 펼쳐졌어요. 특히 1918년 법정사 항일 운동, 1919년 조천 만세 운동, 1932년 해녀 항일 운동은 제주도의 3대 항일 운동으로 평가되고 있어요.

　일제 강점기 35년 동안 우리나라는 일본의 수탈과 착취로 인해 어려움을 겪었어요. 제주도 또한 그 상처가 크고 깊은 곳이에요. 일본은 태평양 전쟁*에서 패배할 가능성이 높아지자, 제주도 전체를 일본 본토의 방어를 위한 마지막 보루로 삼아 제주도에 수많은 군사 기지를 건설했어요. 송악산 북쪽에 들어선 알뜨르비행장은 일본이 중국을 침략하기 위한 기지로 만든 군용 비행장이며, 단산, 산방산, 군산 등의 오름에 일본군 부대를 설치했어요. 그리고 성산일출봉을 비롯한 여러 곳에 어뢰정* 동굴을 만들었으며, 80여 곳에 지하 동굴을 만들었어요. 일제 강점기에 일본이 만든 군사 시설은 지금도 제주도 곳곳에 남아 있어요.

　해방된 뒤에도 제주도 사람들의 고통은 끝나지 않았어요. 우리나라 현대사의 비극으로 꼽히는 제주 4·3사건으로 수많은 제주도 사람들이 죽음을 당하기도 했어요. 아름다운 자연 속에 서려 있는 제주 사람들의 피와 눈물의 역사 유적을 살펴보기로 해요.

일본은
물러가라!

*태평양 전쟁 : 1941년 12월 8일 일본이 일으킨 전쟁이에요. 1945년 8월 15일에 일본이 항복함으로써 끝났어요.
*어뢰정 : 바닷속에서 배를 공격할 때 사용해요. 물고기 모양 폭탄을 주요 공격 무기로 삼는 해군 함정이에요.

우리가 돌아볼 곳들

조천 만세 동산(제주항일기념관), 해녀박물관,
송악산 해안 일오동굴, 황우지 해안 인공동굴,
알뜨르비행장 터, 가마오름(평화박물관),
제주 4·3 평화기념관, 모슬포 백조일손지묘,
북촌리 너븐숭이 4·3유적지

조천 만세 동산
(제주항일기념관)

북촌리 너븐숭이
4·3유적지

●해녀박물관

●제주 4·3평화기념관

가마오름(평화박물관)

●모슬포 백조일손지묘

알뜨르비행장 터

송악산 해안
일오동굴

황우지 해안 인공동굴

제주도의 3대 항일 운동의 현장

만세 동산에 위치한 제주항일기념관에서는 제주도 항일 운동의 역사를 살펴볼 수 있어요.

을사조약
1905년 일본이 대한 제국의 외교권을 박탈하기 위해 강제로 체결한 조약이에요. 제2차 한일 협약, 을사보호 조약, 을사5조약, 을사늑약이라고도 해요.

조선 광무 9년(1905), 을사조약 체결에 성공한 일본은 1906년 우리나라에 통감부를 설치하고 고종을 억압해 조선의 군대를 해산시켰어요. 일본은 우리나라의 토지를 빼앗고, 사찰과 옛 무덤을 도굴하는 등 약탈 행위를 일삼았어요. 또한 우리말을 쓰지 못하게 하고, 일본어를 교육하는 등 우리 고유의 정신과 문화마저도 짓밟았어요. 우리 민족은 이러한 억압된 상황에서 벗어나고자 끊임없이 항일 운동을 벌였어요. 그중에서도 제주도는 다른 곳에서 유례를 찾아보기 어려울 정도로 항일 운동이 활발했어요. 제주도의 3대 항일 운동으로 꼽히는 독립 운동을 살펴보기로 해요.

법정사 항일 운동

법정사 항일 운동은 기미년(1919) 3·1 운동보다 5개월 먼저 일어났어요. 법정사 항일 운동은 제주도에서 있었던 최초의 항일 운동이에요. 또한 1910년대 종교계가 일으킨 전국 최대 규모의 무장 항일 운동이기도 해요. 1918년 10월 7일 서귀포시 도순동에 자리한 법정사에서 일본 제국의 통치를 반대하는 불교계의 승려들이 중심이 되어 법정사 신도와 민간인 등 400여 명이 이틀 동안 일본에

승려들은 대부분 호미나 낫 같은 농기구를 들고 일본에 항거했어요.

항거하였어요. 법정사 항일 운동은 1919년에 일어난 3·1 운동의 발단이 되었으며, 민족 항일 의식을 전국적으로 확산시켜 나가는 선구적인 역할을 하였어요.

조천 만세 운동

제주항일기념관 3·1 독립운동 기념탑

조천 만세 운동은 1919년 3월 21일부터 3월 24일까지 4일 동안 진행됐어요. 3월 1일에 일어난 서울의 독립 만세 운동보다 늦어진 것은 제주도가 서울에서 멀리 떨어진 섬이었기 때문이에요. 당시 지방의 독립 만세 운동은 서울에서 공부하던 학생이 독립 선언서를 갖고 고향에 내려온 뒤부터 본격적으로 시작되는 경우가 많았어요. 제주도의 독립 만세 운동도 독립 운동가 김시학의 아들이 독립선언서를 들고 고향인 제주도 조천으로 내려오면서부터 시작됐어요.

3월 21일 조천리의 미밋동산(지금의 만세 동산)에서 만세 운동이 시작됐어요. '대한독립 만세'라는 혈서를 앞세우고 만세를 부르자 순식간에 사람들이 늘어났고, 시위 마지막 날인 3월 24일에는 조천에 무려 1500여 명의 군중이 모여 만세 운동을 펼쳤어요. 이 조천 만세 운동은 그 뒤 서귀포로 전해져서 서귀포

조천리 만세 동산에서 수많은 제주 사람들이 대한독립 만세를 외쳤어요.

삼매봉 만세 운동과 서귀포 해상 만세 운동으로 이어졌어요. 힘과 권력으로 조선을 통치해 온 일본은 3·1 운동 이후 문화 통치를 내세우며, 통치 방법을 바꾸었어요.

🗿 **문화 통치**
우리 민족의 문화를 존중하겠다는 통치 이념을 내세운 것이지만, 한민족을 분열시키려는 일제의 또 다른 통치 형태였어요.

제주도의 해녀 항일 운동

제주도의 해녀 항일 운동은 여성들이 앞장선 항일 운동 가운데서 가장 규모가 컸어요. 또한 우리나라 역사상 최대 규모의 어민 투쟁이었어요. 해녀 항일 운동이 일어난 원인은 아주 오래전부터 제주도 사람들을 괴롭힌 일본에 대한 반감이라고 할 수 있어요.

조선 시대 말기인 1880년대 초부터 일본 어민들은 제주도 앞바다까지 배를 타고 와서 마음대로 전복을 캐 가곤 했어요. 제주 해녀들이 온종일 물질을 해서 1킬로그램도 못 캐는 전복을 일본 어민들이 잠수기선을 이용해 한 번에 750킬로그램 이상의 많은 양을 캐 갔지요. 우리 정부는 제주도 연해에서 일본인들이 해산물을 캐 가는 것을 금

🗿 **잠수기선**
물속으로 잠수할 때 사용하는 기구를 싣고 바닷속에서 고기를 잡거나 해산물을 캐 내는 배를 말해요.

🗿 **연해**
뭍에서 가까운 바다예요.

제주 해녀들은 자신들의 생존권을 지키기 위해 목숨을 내놓고 일본 경찰들과 싸웠어요.

지했지만 일본인들은 계속 제주도 연해에서 해산물을 캐 갈 뿐만 아니라 제주도 사람들에게 갖은 행패를 일삼았어요. 해녀들은 자신들이 살고 있는 터전을 짓밟은 일본에 대항하기 위하여 해녀조합을 만들었어요. 하지만 해녀조합마저 일본에 넘어가게 되자 해녀들은 마침내 힘을 합하여 해녀회를 조직하게 되었어요. 하도리, 종달리, 연평리, 세화리 등지의 해녀회는 1932년 1월 12일, 세화리에서 대규모의 제주해녀 항일 시위를 벌였어요. 손에 빗창과 정계호미를 든 해녀들은 질서 있게 줄을 맞춰 일본의 착취와 수탈에 맞서 항쟁하는 만세 운동을 펼쳤으며, 심지어 일본 경찰들과 몸싸움까지 했다고 해요.

제주 해녀 항일 운동은 여성들이 앞장서 일본과 싸웠다는 점과 당시 해녀들의 요구 사항이 상당 부분 받아들여졌다는 점에서 제주 여인들의 강인함을 보여 준 매우 뜻깊은 사건으로 평가되고 있어요.

빗창

전복을 떼어 낼 때 쓰는 철제 도구예요. 길이가 30센티미터 가량 되며, 끝이 날카로워요.

정계호미

모자반이나 톳, 미역 등의 해초를 캘 때 쓰는 낫처럼 생긴 호미예요. '게호미'라고도 한답니다.

일본 상인과 한통속이 된 해녀조합

1920년 4월에 만들어진 제주도해녀어업조합(해녀조합)은 설립 초기에 해녀들의 권리와 이익을 보호하기 위해 노력했어요. 해녀들이 캐 낸 해산물의 공동판매제를 실시함으로써 중간상인들의 횡포를 막았고, 돈이 급하게 필요한 해녀들에게 돈을 빌려 주기도 했어요. 하지만 일본인 제주도사가 해녀조합의 조합장을 겸한 1930년 이후의 해녀조합은 더 이상 해녀들의 권익을 보호하는 곳이 아니었어요. 오히려 일본인 상인들과 한통속이 되어 해녀들을 착취하는 기관이 됐어요. 해녀들은 바다에서 캐 낸 해산물을 판 돈의 20퍼센트 정도만 가질 수 있었대요.

제주시 구좌읍 바닷가에서 해녀들이 물질을 준비하고 있어요.

세화리의 해녀들이 테왁과 망사리를 어깨에 걸치고 물질하러 바다로 나가고 있어요.

제주도의 해녀 이야기

옛 기록에 따르면, 제주도의 해녀는 800년 전부터 활동했어요. 하지만 제주도 해녀의 실제 역사는 그보다 훨씬 더 오래되었을 것으로 짐작하고 있어요. '해녀'라는 낱말은 일본식이라고 해요. 원래 제주 말로는 '잠수하는 여자'라는 뜻의 잠녀, 좀녀, 잠수, 좀녜 등으로 불렸어요. 지금도 나이 든 해녀들은 '좀녀'라는 말을 더 많이 사용해요. 해녀는 전 세계적으로 우리나라와 일본에만 있어요. 제주 해녀들의 잠수 능력은 최고로 손꼽힌답니다. 인간의 한계를 뛰어넘는 잠수 능력은 사실 타고난 게 아니에요. 가족을 먹여 살리기 위해 오랜 세월 동안 혹독한 훈련을 통해 길러진 것이지요.

제주도는 사방이 바다에 둘러싸여 있는 데다가 땅조차 척박해서 농사짓기도 쉽지 않았어요. 제주도 여자들은 밭에 나가 김을 매거나 바다에 들어가 물질을 해야 하는 운명을 타고났어요. 대체로 일곱 살이 되면 수영을 배워요. 열두 살 정도부터 어머니의 테왁*을 물려받아 얕은 곳에서부터 차츰 깊은 데로 헤엄쳐 들어가는 연습을 해요. 그리고 15~16세가 되면 본격적으로 물질을 시작하게 되지요.

물질을 처음 시작하는 초보 해녀를 '똥군'이라 부르는데, 깊이 5미터 이하의 얕은 바다에서만 물질할 수 있어요. 똥꾼인 어린 해녀의 가장 큰 소원은 하루빨리 '중꾼'이 되는 것이에요. 중꾼이 되면 수심 10~12미터까지 잠수해서 소라, 전복 등을 딸 수 있기 때문이에요. 그리고 마침내 '상꾼'이 되면 수심 17~20미터까지도 거뜬히 잠수할 수 있는 능력이 생겨요. 경험이 많은 '상꾼' 해녀들은 물 밖으로 나올 시간을 미리 계산한 뒤 잠수를 해

제주도의 해녀들은 어릴 때부터 수영을 배우고, 차츰 깊은 바다로 들어가 잠수하는 법을 익혀요.

해녀박물관에 모형으로 전시하고 있는 해녀들의 모습

요. 그러나 젊고 경험이 적은 해녀들은 지나치게 욕심을 부리다가 사고를 당하기도 해요. 그래서 해녀들은 뜻밖의 사고를 막기 위해 물속에서 서로를 끊임없이 살핀답니다.

척박한 섬에서 태어나 평생 물질을 하며 살아가는 제주도의 해녀들은 일제 강점기에 남자들이 강제로 전쟁에 끌려가거나 노역을 하는 동안 직접 가족의 생계를 책임져야 했어요. 일제의 수탈에 맞서 싸우며 강인하게 살아온 제주도의 여인들은 제주도를 대표하는 상징적인 의미를 가지고 있답니다.

* 테왁 : 해녀들이 물질을 할 때 바다 위에 띄워 놓는 뒤웅박이에요. 여기에 캐 낸 해산물을 담은 그물을 매달아 놓기도 하고, 물 위로 올라온 해녀들이 잠시 쉴 때 붙들고 있기도 해요.

해녀박물관에서 해녀들의 삶을 배워요

해녀가 많기로 유명한 제주시 구좌읍 하도리에는 제주 해녀 항일 운동 기념공원이 있어요. 이 공원 안에 있는 해녀박물관에서 제주 해녀의 모든 것을 알 수 있어요. '해녀의 삶'을 주제로 꾸며진 제1전시실에는 제주도의 전통적인 어촌마을, 무속신앙, 세시풍속, 생업 등을 알게 해 주는 자료들이 있어요. 그리고 제2전시실에서는 해녀들이 물질할 때 입는 옷과 사용하는 도구, 해녀의 일터 풍경을 생생하게 보여 줘요. 바다를 주제로 한 제3전시실에는 우리나라와 제주도의 전통어업, 테우, 포구와 등대, 멸치잡이 등과 관련된 자료와 어구들이 전시돼 있어요. 그리고 어린이해녀체험관에서는 노젓기, 물허벅지기, 속담이나 해산물 알아맞히기, 바닷속의 고기잡기 등의 재미있는 체험도 즐길 수 있어요.

해녀박물관 전경

해녀박물관의 어린이해녀체험관

일본의 군사 요새가 되다

일본은 일본 본토를 방어하기 위하여 제주도를 군사 요새로 만들었어요. 1945년 1월까지만 해도 1000명가량이었던 일본군이 그해 8월에는 70배나 되는 7만 명으로 늘어났지요. 또한 일본은 제주도에 수많은 군사 기지를 건설했어요. 그 가운데 가장 대표적인 것이 알뜨르비행장이에요. 지금은 농경지로 바뀌어 있지만, 아직도 반달 모양의 콘크리트 구조물이 곳곳에 흩어져 있어요. 그 구조물은 일본군이 제주도 주민들을 동원해서 건설했던 20여 개의 **격납고 잔해**예요. 또한 넓은 들녘에는 포장되지 않은 활주로가 남아 있어요.

알뜨르비행장 근처의 송악산 일대도 일본군이 거대한 군사 요새를 만들었던 곳이에요. 지금도 송악산 중턱의 길가에는 미군 비행기의 공습에 대비해 파 놓은 **방공호**가 여러 개 있고, 송악산 북쪽의 섯알오름 꼭대기에는 콘크리트로 만들어진 대공포대도 남아 있어요.

송악산 아래의 해안 절벽에는 일본군이 어뢰정 기지로 활용하기 위해 파 놓은 인공동굴도 15개나 남아 있어요. '일오동굴'이라 불리는 이 동굴들은 미군의 상륙에 대비해 파 놓은 것이라고 해요.

오늘날까지도 옛 모습이 그대로 남아 있는 일오동굴은 언뜻 자연 동굴처럼 보여요. 하지만 안으로 들어가면 여러 갈래의 크고 작은 굴들이 미로처럼 얽혀 있는 동굴도 있고, 사람들이 지나다니거나 군사 물자를 저장해 두기에 편리하도록 계단과 광장을 만들어 놓

격납고
비행기나 비행선을 넣어 두거나 정비하는 건물이에요.

잔해
부서지거나 못 쓰게 되어 남아 있는 물체를 가리키는 말해요.

방공호
적의 공격을 피하기 위해 땅속에 파 놓은 굴이나 구덩이를 말해요.

송악산 부근에 남아 있는 알뜨르비행장 터

오늘날 서귀포시 대정읍 상모리의 넓은 들녘에는 알뜨르비행장 터가 남아 있어요. 이 비행장은 원래 일본이 중국을 침략하기 위한 전초 기지로 삼기 위해 제주 시내 쪽의 정뜨르비행장(지금의 제주국제공항)과 함께 건설한 군용비행장이에요. '아래쪽에 있는 들'이라는 뜻의 알뜨르에 비행장 건설공사가 처음 시작된 것은 1926년이었어요. 그때부터 1930년대 중반까지 약 10년 동안 계속된 공사 끝에 66만제곱미터 규모의 비행장이 완공됐어요. 1937년 중일 전쟁이 일어났을 때 이곳에서 이륙한 일본군의 폭격기가 동중국해를 가로질러 중국 상하이까지 날아가 작전을 수행했다고 해요.

대정읍 상모리 들녘의 옛 알뜨르비행장의 격납고 잔해

은 동굴도 있어요.

어뢰정 기지로 활용하기 위해 만든 인공동굴은 서귀포시 외돌개 부근의 황우지 해안에도 있어요. 이곳에 있는 동굴은 작은 배도 감춰 놓을 수 있을 정도의 규모이지요. 근처에는 어뢰정을 동굴로 옮기기 위해 설치했던 레일도 남아 있어요.

일본군의 어뢰정 기지였던 송악산 해안의 일오동굴

제주도 전체를 전쟁 요새로 만든 일본군은 여러 곳에 진지 동굴을 만들기도 했어요. 80여 군데에 걸쳐 모두 700여 개의 진지 동굴이 제주도에 남아 있는 것으로 추정하고 있지요. 그 가운데서도 가장 긴 진지 동굴은 길이가 2킬로미터에 이르는 제주시 한경면 청수리에 있는 가마오름 진지 동굴이에요. 일본이 최후의 결전을 위해 만들었다는 이 진지 동굴은 미로형 3층 땅굴로 출입구만도 10곳이나 되는 지하 요새예요.

진지 동굴
전략적 요충지에 적의 눈에 띄지 않게 전투용 기지로 만들어 놓은 땅굴을 말해요.

서귀포 외돌개 부근의 황우지 해안에는 일본군의 어뢰정 기지용 인공동굴이 남아 있어요.

가마오름 진지 동굴과 평화박물관

가마오름 진지 동굴은 등록문화재 제308호로 지정되어 있으며, 현재 제1땅굴 300미터 구간만 복원하여 개방하고 있어요. 이곳은 평화박물관을 만든 이영근 관장의 아버지가 일제에 의해 강제로 끌려와 땅굴을 팠던 현장이기도 해요. 평화박물관에서는 과거의 역사를 바로 배우고, 다시는 이 땅에 전쟁의 포성이 울리지 않기를 바라는 마음으로 그 증거물들을 모아 전시하고 있어요. 또 이곳에서 징용되어 일했거나 작업 현장을 목격한 사람들의 증언을 모아 영상으로 보여 주고 있어요.

전시관 내부

땅굴을 파던 모습

제주 4 · 3사건의 현장

제주 4 · 3사건 위령탑

제주 4 · 3사건은 1948년 4월 3일 남한만의 단독정부 수립을 반대하여 제주도에서 일어난 무장 봉기예요. 이 사건은 우리나라 현대사의 비극 가운데 하나예요. '제주 4 · 3사건 진상규명 및 희생자 명예 회복을 위한 특별법'(4 · 3특별법)에서는 제주 4 · 3사건을 '1947년 3월 1일을 기점으로 1948년 4월 3일에 발생한 소요 사태 및 1954년 9월 21일까지 제주도에서 발생한 무력 충돌과 진압 과정에서 주민들이 희생당한 사건'이라 규정해 놓았어요. 제주도에서 일어난 비극적인 사건 속으로 지금부터 들어가 보기로 해요.

1948년 4월 3일 새벽 2시, 경찰과 우익단체의 탄압 중지와 남북한이 하나되는 통일 정부의 수립 등을 요구하면서 무장대가 들고일어났

4 · 3평화기념관

4 · 3평화기념관은 제주시 봉개동에 자리하고 있어요. '역사의 동굴, 흔들리는 섬, 바람타는 섬, 불타는 섬, 흐르는 섬, 새로운 시작'이라는 주제의 6개 전시관과 특별전시관으로 꾸며져 있어요.

'역사 속의 민중의 저항'을 주제로 한 전시관이에요.

폐허가 된 중산간 마을을 재현한 '폐허의 방'이에요.

이곳은 4·3위령제단이에요. 제주 4·3사건 때 희생된 사람들의 영원한 안식을 추모하는 공간이랍니다.

어요. 미군정은 사태가 걷잡을 수 없이 커지자 제주경비대인 9연대에 출동 명령을 내렸어요. 또한 제주와 육지 사이의 해상 교통로를 막고 미군 함정을 동원하여 해안을 막았어요.

그 뒤 1948년 11월 17일, 제주도 전역에 계엄령이 선포되었어요. 계엄령이 선포된 뒤로 중산간 마을의 95퍼센트가 불에 타서 사라져 버렸고, 무장대의 가족이거나 무장대를 도운 것으로 의심되는 사람은 현장에서 처형되었어요. 제주 4·3사건 당시에 가장 많은 민간인이 죽었던 곳은 북촌리였어요. 1949년 1월 17일 북촌마을 어귀에서 2연대의 군인 두 명이 무장대의 습격을 받아 전사했어요. 그러자 군인들은 북촌초등학교 운동장에 마을 사람들을 모아 놓은 다음, 마을에 불을 질렀어요. 순식간에 마을 전체로 번진 불은 300여 채의 집을 잿더미로 만들었어요. 그날 하루 동안 400명이 넘는 북촌리 주민들이 목숨을 잃었다고 해요.

계엄령

국가에 비상사태가 발생했을 때에 국가의 안전과 공공질서의 유지를 위해 법률에 따라서 헌법 일부의 효력을 일시 중지하고, 군대를 동원해 치안을 유지할 수 있는 국가 긴급권의 하나예요. 대통령의 고유 권한이에요.

비극적인 죽음을 상징하는 조각 작품들을 만들어 놓았어요.

제주 4·3사건 당시 주민들이 생활했던 곳을 재현해 놓았어요.

다랑쉬굴의 처참한 상황을 재현하여 아픈 역사를 고스란히 보여 줘요.

제주 4·3사건의 발달

미국을 비롯한 연합국의 승리로 2차 세계 대전이 끝나면서 1945년 8월 15일, 우리 나라는 드디어 일제의 억압으로부터 벗어나 해방을 맞이했어요. 하지만 미군정의 지 배와 간섭에 다시 휩싸이게 된 한반도는 외세의 야욕으로 또다시 큰 혼란을 겪었어요. 이 혼란을 틈타 신탁 통치안이 논의되었고 한반도는 남북으로 분 단될 위기에 처했어요.

신탁 통치란 국제 연합(UN)의 위임을 받은 한 국가가 다른 나라를 통치하는 제도에요. 8·15 광복 직후 우리나라를 5년간 신탁 통치하려고 미소 공동위원회가 구성되었어요.

해방이 되면서 제주도에도 많은 변화가 생겼어요. 일본군이 해 방과 함께 철수하였고, 일본과 육지에 나가 있던 제주도 사람들 가운데 무려 6만여 명이 고향으로 돌아왔어요. 갑자기 인구가 늘어나자 일자리와 생활필수품이 부족해졌어요. 그러다가 콜레 라가 번져서 수백 명의 주민이 죽기도 했지요. 게다가 극심한 흉년으로 인해 사람들은 끼니조차 때우기가 힘들어졌어요. 일본의 패망으로 해방된 삶 을 기대했던 사람들은 실망과 좌절을 맛보아야 했어요.

일제의 앞잡이였던 친일 경찰들의 상당수가 미군정의 경찰로 변해서 주민들 을 괴롭히고, 미군정에서 파견된 관리들의 모리 행위*가 극심하여 제주도 사 람들은 일제 강점기 때보다 더 괴로운 상황에 처했어요. 그러던 중 1947년

경찰이 자신의 말에 깔린 어린아이를 그대로 두고 지나치자 가두시위를 나온 시민들이 분노했어요.

3월 1일, 경찰이 쏜 총에 민간인이 사망하면서 제주도 사람들의 민심이 더욱 악화되는 사건이 일어나게 돼요. 사건의 자세한 내용을 살펴보기로 해요. 제주도민 3만여 명이 참석한 가운데 관덕정 부근의 제주북초등학교에서 28주년을 맞는 삼일절 기념식이 열렸어요. 기념식이 끝나자 거리로 몰려나온 군중들은 관덕정 앞에서 통일 정부 수립을 외치는 가두시위*를 벌였어요. 그때 말을 타고 관덕정 앞의 제주경찰서로 향하던 경찰이 자신의 말에 깔린 어린아이를 그대로 내버려 둔 채 지나가 버렸어요. 이에 분노한 군중들이 그 경찰에게 소리치며 돌을 던지자 총소리가 나기 시작했어요. 이날 경찰의 총격으로 인해 6명이 죽고 8명이 중상을 입었어요. 희생자는 대부분 구경하던 일반 주민이었어요.

삼일절 발포 사건은 제주도 주민들의 분노를 불러일으켰어요. 이 사건으로 시작된 학생들의 등교 거부는 3월 10일에 제주도민 총파업으로 확산되었고, 제주도는 점차 위기 상황에 놓이게 되었어요.

이날 죽은 사람 중에는 아기를 안고 있던 여자와 어린 학생, 그리고 할아버지도 있었다고 해요.

* 모리 행위 : 도덕이나 양심, 의리를 생각하지 않고 부정한 방법으로 자신의 이익을 꾀하는 행위를 말해요.
* 가두시위 : 길거리에서 행하는 시위를 말해요.

여기서 **잠깐!**

해방 후의 제주도의 상황은?

다음 중 해방 후 제주도의 상황과 관련 없는 것을 고르세요. (　　　)

① 일본이나 육지에 나갔던 사람들이 제주도로 돌아왔어요.
② 콜레라가 번져서 많은 사람들이 죽었어요.
③ 흉년으로 인해 먹고사는 일이 더 힘들어졌어요.
④ 인구가 늘어나서 일자리와 생활필수품이 부족했어요.
⑤ 친일 경찰들은 해방과 함께 모두 일본으로 쫓겨났어요.

☞ 정답은 112쪽에

제주 4·3사건, 그 이후

제주 4·3사건으로 인한 피해는 엄청났어요. 하지만 피해 실태를 정확하게 파악하기는 불가능했어요. 우선 인명 피해의 경우를 보면, 신고할 유족이 없을 정도로 심각한 피해를 입은 가족도 있고 출생 신고가 되지 않은 상태에서 죽은 어린아이도 많아서 사망자의 수를 정확히 밝혀내기가 어려웠어요. 2001년 5월 30일까지 제주 4·3사건위원회에는 행방불명자 3171명, 사망자 1만 715명이 신고되었어요. 하지만 실제 사망자는 2만~3만 명가량 될 것으로 짐작한다고 해요.

1960년 학생들에 의해 4·19 혁명이 일어난 뒤로 제주 4·3사건의 진실을 밝히려는 노력이 있었지만, 1961년에 일어난 5·16 군사 정변으로 인해 수포로 돌아갔어요.

북촌리 너븐숭이 애기무덤 유적지

북촌리 너븐숭이 유적지는 만세동산을 지나 함덕과 성산 중간쯤인 북촌 삼거리 근처에 자그마한 공원으로 조성되어 있어요. 이곳에는 1949년 제주 4·3사건 당시 희생된 아기들의 돌무덤이 만들어져 있어요. 소설가 현기영은 이곳을 배경으로 제주 4·3사건을 소재로 한 '순이삼촌'을 쓰기도 했어요.

너븐숭이 유적지

북촌리 4·3유적지에 있는 애기무덤

1980년대 후반부터 제주 4·3사건의 진상을 밝히기 위한 제주도 사람들의 활동과 노력이 다시 활발하게 펼쳐졌어요. 그리고 1999년 12월 26일에는 오랫동안 제주 사람들이 기다려 온 '제주 4·3사건 진상규명 및 희생자 명예 회복을 위한 특별법'(4·3특별법)이 국회 본회의를 통과했어요. 2003년 10월 15일에는 '제주 4·3사건 진상규명 및 희생자 명예 회복 위원회'에서 '제주 4·3사건 진상조사보고서'가 확정되었어요. 그해 10월 31일에 노무현 대

우리나라는 제주도를 평화와 인권의 상징으로 삼기 위해 '세계평화의 섬'으로 지정했어요.

통령은 제주 4·3사건 당시 국가 권력에 의해 대규모 희생이 발생했음을 인정하고 제주도민에게 공식 사과했어요. 제주 4·3사건이 발생한 지 55년 만에 정부 차원의 공식적인 사과가 이루어진 셈이에요. 정치적인 이권과 관계없이 억울하게 죽어 간 일반 시민들의 명예를 회복시킬 수 있었지요.

제주도 사람들의 항쟁의 역사가 살아 숨 쉬는 제주도는 2005년에 '세계평화의 섬'으로 지정되었어요. 수탈과 침략의 아픔을 딛고 평화롭고 아름다운 땅으로 살아남은 제주도는 이제 세계의 여러 사람들이 찾는 관광 도시로 떠오르고 있답니다.

위 사진은 평화박물관 입구에 세워진 세계평화의 섬 기념비예요.

위령비

소설가 현기영의 시
'새로운 빛으로 되살아나소서'

북촌리 희생자의 이름 하나하나를 새긴 위령비 뒤쪽에는 제주 출신 소설가 현기영의 시가 새겨져 있어요. 시의 일부분을 소개할게요.

이제 우리는 / 무자년의 그 참사를 영원히 잊지 않기 위하여 / 여기에 돌을 세운다 / 용서하지만 잊지 않기 위하여 / 영구불명의 돌을 세운다 / 우리는 또한 … 전쟁반대의 이름으로 이 돌을 세운다 / (하략)

제주도 역사 기행을 마치며

　제주도 역사 기행은 재미있었나요? 제주도의 땅과 그 속에서 살아온 사람들의 역사에 대해 배우면서 제주도를 보니 제주도 땅과 사람들에 대해 훨씬 잘 이해하게 된 것 같죠?

　오랜 세월에 걸쳐 외세의 침입과 수탈을 겪으면서 제주도에서는 수없이 많은 싸움이 일어났어요. 그 때문에 무고한 제주도 사람들이 희생당한 역사를 보면서 가슴이 아팠을 거예요. 고려 시대 제주도는 약 100년간이나 몽골의 지배를 받아야 했어요. 또한 고려 시대와 조선 시대에 왜구의 침입을 알리기 위해 제주도 곳곳에 세워진 연대와 봉수대, 그리고 제주 해안을 따라 높이 쌓은 환해장성은 얼마나 많은 왜구의 침입이 있었는지 짐작케 해요. 또한 조선 중기 제주도 사람들은 약 200년간이나 '출륙금지령'으로

인해 육지로 나가지 못하고 갇혀 지내기도 했어요. 조선 말기에는 중앙에서 파견된 관리들과 외세를 등에 업은 천주교도들의 횡포까지 더해져 농민들이 난을 일으키기도 했어요. 일제 강점기에는 일제의 수탈과 착취가 유난히 심했고, 일본이 본토를 지키기 위해 제주도를 전쟁 요새로 만든 아픈 상처가 있는 곳이기도 해요. 그리고 해방 이후 일어난 제주 4·3사건 당시에는 수만 명의 제주도 사람들이 목숨을 잃었어요.

많은 사람이 현재의 아름다운 제주도를 보면서 제주도에 아픈 역사가 숨어 있었다는 걸 알게 되고는 의아해 해요. 제주도 역사 기행을 통하여 우리 민족의 강인한 민족성을 배우고, 평화의 소중함을 생각해 보았으면 해요.

제주도에는
가 볼 곳이 많아요

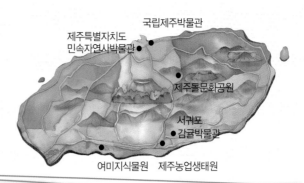

국립제주박물관
제주특별자치도
민속자연사박물관
제주돌문화공원
서귀포
감귤박물관
여미지식물원   제주농업생태원

제주특별자치도 민속자연사박물관

위치 제주시 삼성로 40 **전화** 064-710-7708
홈페이지 http://museum.jeju.go.kr

제주특별자치도 민속자연사박물관 전경

제주도 고유의 민속, 생활 풍습, 자연 생태, 지질 환경을 보여 주는 제주특별자치도 민속자연사박물관은 자연사전시실, 제1민속전시실, 제2민속전시실, 야외전시장 등으로 꾸며져 있어요.

자연사전시실은 제주도의 해양 생물과 지질 암석, 그리고 동식물 등의 자연사 자료가 입체적으로 전시된 곳이에요. 이 전시실은 지질관, 육상생태관으로 구분되어 있어요. 지질관에는 제주도의 형성 과정을 애니메이션으로 나타내었고, 다양한 화산 분출물들과 용암동굴 생성물을 전시하고 있답니다. 그리고 스마트테이블을 통해 다양한 제주의 오름, 계곡, 동굴 등의 자연 경관과 지질을 설명해 주고 있어요. 육상생태관에는 한라산에 살고 있는 동식물의 표본이 전시돼 있어요.

두 개의 민속전시실에는 제주도의 전통적인 생활 풍습과 민속을 보여 주는 모형과 유물이 전시돼 있어요. 제1민속전시실에서는 제주도의 역사와 제주도 사람의 일생을 한눈에 보여 줘요.

제2민속전시실은 제주도 사람들의 생산 활동 모습을 주제로 전시하고 있어요. 바다에서 온종일 물질하는 해녀모습도 볼 수 있고, 제주산 조랑말로 밭을 가는 농부의 모습도 볼 수 있어요.

야외전시장의 동자석들

야외전시장에는 곡식을 빻을 때 쓰던 연자매*를 비롯해 맷돌, 절구, 화로 등의 생활 도구와 동자석*, 석등, 망주석* 같은 석물이 100여 점가량 전시되어 있어요. 아이처럼 천진난만한 표정의 동자석들이 인상적이랍니다.

*연자매 : 둥글고 넓적한 돌판을 놓은 다음, 그 위에 그보다 작고 둥근 돌을 세로로 세워서 말이나 소가 끌어 돌리게 해서 곡식을 찧는 방아예요.
*동자석 : 사내아이의 모습을 새겨서 무덤 앞에 세우는 돌이에요.
*망주석 : 무덤 앞의 양쪽에 세우는 한 쌍의 돌기둥이에요.

국립제주박물관

위치 제주시 일주동로 17 **전화** 064-720-8000
홈페이지 http://jeju.museum.go.kr

국립제주박물관은 제주도의 역사를 한눈에 볼 수 있는 곳이에요. 박물관 입구에 전시된 '덕판배'는 제주도의 전통 선박으로서 옛날에 제주도와 육지를 오가던 배를 옛 모습 그대로 복원한 것이에요. 박물관 안에 들어서면 가장 먼저 옛 제주읍성의 모형이 눈에 들어와요. 천장에는 제주도 한복판에 우

국립제주박물관 전경과 입구에 전시된 덕판배

뚝한 한라산과 탐라 개국 신화와 삼다도 등의 제주 이야기를 담은 스테인드글라스*가 그려져 있어요.

국립제주박물관의 전시실은 선사시대 제주, 섬마을의 발전과 변화, 섬나라 탐라국, 고려시대 제주, 조선시대 제주, 제주섬 사람들 등 7개의 전시실로 나누어져 있어요.

선사시대 제주 전시실에서는 화산 활동으로 형성된 제주도의 모습과 사냥과 채집을 하며 살아가는 사람들의 생활 모습을 전하고 있어요. 섬마을의 발전과 변화 전시실에는 제주의 청동기 문화를 보여주며, 이 시기에 발견된 유적 등을 소개하고 있어요. 섬나라 탐라국 전시실에서는 섬이라는 지리적 특성을 이용해 백제, 신라, 왜, 당 등과 교류하며 국제적 역량을 높이는 제주의 모습을 볼 수 있습니다. 고려시대 제주 전시실에서는 대몽항쟁 시기에 몽골군의 침입에 대항하던 삼별초가 연합군에게 패하면서 원나라 탐라총관부의 통치를 받게 되는 과정과 그 유물을 보여줍니다. 조선시대 제주 전시실에서는 조선 시대 제주도의 통치 자료와 유배 자료, 제주 사람들에 대한 생활 자료, 항해하다가 제주도에 표류한 서양인과

제주도에 관한 이야기가 그려진 천장의 스테인드글라스

다른 나라에 표착*한 제주 사람들에 대한 자료를 전시하고 있어요. 마지막으로 제주섬 사람들 전시실에서는 척박하고 힘겨운 생존의 공간이었던 제주도에서 그들만의 문화를 싹틔우며 살아가는 제주인을 소개하고 있어요. 국립제주박물관 안에 있는 어린이박물관 '올레'에서는 어린이의 눈높이에 맞춘 다양한 체험 프로그램이 준비돼 있어요.

* 스테인드글라스 : 색유리 조각을 하나하나 붙여서 그린 그림이에요. 주로 교회나 성당 등의 종교 건축물에 많이 설치돼요.

* 표착 : 바다나 강에 떠다니다가 어느 뭍에 닿는 것을 말해요. 조선 시대에는 제주도 사람이 중국이나 일본 오키나와에 표착한 적이 있었어요.

제주돌문화공원

위치 제주시 조천읍 남조로 2023 교래자연휴양림 **전화** 064-710-7731 **홈페이지** www.jeju.go.kr/jejustonepark

제주도의 형성 과정과 제주 사람들의 삶 속에 녹아 있는 돌문화를 보여 주는 박물관이자 생태공원이에요. 한라산 영실에서 오래전부터 전해 내려오는 '설문대할망과 오백장군' 전설을 중심 주제로 삼고 있어요. 제주돌문화공원은 제1코스인 신화의 정원, 제2코스인 제주돌문화전시관, 제3코스인 제주전통돌한마을 등 총 3개의 코스로 구성되어 있어요. 제주의 살아 숨 쉬는 자연과 역사, 문화를 느껴볼 수 있는 제주돌문화공원에 도착하면 먼저 웅장한 돌들이 여기저기 펼쳐진 넓은 초지가 가슴을 시원하게 해 줘요.

제주돌문화공원

제1코스는 전설의 통로와 숲길을 지나 주변 환경과 자연스럽게 어우러지는 하늘연못과 돌박물관이 나와요. 박물관 관람 후 야외전시, 돌하르방 등을 지나 오백장군 갤러리와 어머니의 방을 관람할 수 있답니

제주 전통 초가 두거리집

다. 제2코스는 제주 돌문화를 기능별로 전시하고 있는 초가형 제주돌문화전시관과 선사 시대부터 근현대 시대까지의 돌문화를 전시한 야외 전시장이 있어 숲길을 거닐며 관람할 수 있어요. 제3코스에서는 지금은 거의 사라져 버린 제주의 옛 마을을 본따서 세거리집, 두거리집, 말방앗간 등을 배치하여 옛 사람들의 삶을 엿볼 수 있지요.

제주농업생태원

위치 제주특별자치도 서귀포시 남원읍 중산간동로 7415 **전화** 064-760-7835
홈페이지 https://agri.jeju.go.kr

제주농업생태원은 제주특별자치도 농업기술원 산하의 서귀포농업기술센터 안에 있어요. 이곳은 농업 경쟁력을 높이기 위한 농업현장교육뿐만 아니라 다양한 농업 생태체험을 통해 농업의 소중함을 알리기 위해 문을 열었어요. 감귤 수확철에는 감귤을 직접 따서 먹어 볼 수 있는 감귤밭도 있어요. 또한 자신이 딴 감귤로 비누나 잼을

제주농업생태원 녹차밭

만들어 보거나 하얀 명주를 천연염색해서 은은한 감귤빛의 고급 스카프를 손수 만들어 갈 수도 있어요. 그 밖에도 봄에는 녹차 수확 체험, 여름에는 감물 염색 체험이나 보리 타작 체험, 가을에는 콩 타작 체험이나 고구마 구워 먹기 등의 재미있는 체험 프로그램을 즐길 수 있어요.

여미지식물원

위치 서귀포시 중문관광로 93 **전화** 064-735-1100 **홈페이지** www.yeomiji.or.kr

서귀포시 중문관광단지에는 동양 최대 규모의 관광식물원인 여미지식물원이 있어요. 면적만 해도 3만 4천 여 평에 이르지요. 그중 실내 유리온실이 식물원의 중심 역할을 해요. 지름 60미터의 중앙홀과 높이 38미터의 전망탑을 중심으로 신비의 정원, 꽃의 정원, 물의 정원, 선인장 정원, 열대 정원, 열대 과수원 등 6개의 테마 온실로 구성된 유리온실에는 지구 곳곳에서 구해 온 2000여 종의 다양한 식물들이 자라고 있어요. 테마 온실마다 마치 낯선 숲 속으로 여행온 듯한 느낌이 들게 해요.

엘리베이터를 타고 유리온실 건물의 한복판에 위치한 전망탑에 올라서면, 중문관광단지 전경뿐만 아니라 한라산, 마라도까지도 또렷이 보일 때도 있어요. 그리고 유리온실 밖에는 테마 정원이 아름답게 꾸며져 있어요.

여미지식물원의 모습

서귀포 감귤박물관

위치 서귀포시 효돈순환로 441 **전화** 064-767-3010
홈페이지 https://www.visitjeju.net

서귀포 감귤박물관은 감귤을 테마로 한 국내 최초의 박물관이에요. 이곳에서는 제주 감귤의 유래와 감귤의 종류, 감귤 재배에 필요한 도구와 농기구, 감귤을 재배하기에 좋은 토양 등 감귤에 대한 모든 것을 한자리에서 보고 배울 수 있어요. 박물관 옆의 온실은 세계감귤원, 아열대식물원도 들어서 있어요. 그중 일본, 유럽, 아시아, 아메리카 등지에서 자라는 80여 종의 감귤을 모아

서귀포 감귤박물관

놓은 세계감귤원에는 일 년 내내 상큼한 귤 향기가 기분 좋게 풍겨요. 그리고 우리나라 감귤원 코너에 가 보면 과실 모양이 사자 머리처럼 생긴 사두감을 비롯해 황금하귤, 병귤 등 제주도가 원산지인 감귤 품종들도 만나 볼 수 있어요.

나는 제주도 박사!

제주도를 잘 둘러보았나요? 여러분이 직접 제주도에서 본 것과 이 책에서 읽은 내용을 잘 생각해 보고 다음의 퀴즈를 풀어 보세요.

① 알맞게 연결해 보세요.

옹관묘 •   •   • 선사 시대

북촌리
바위그늘   •   •   • 선사 시대
유적지

알뜨르
비행장 터   •   •   • 탐라국 시대

추사 김정희의
유배지   •   •   • 조선 시대

항파두리성 •   •   • 일제 강점기

삼양동 마을
유적   •   •   • 조선 시대

관덕정 •   •   • 고려 시대

② 맞으면 O, 틀리면 x표 하세요.

다음 내용을 읽고, 맞는 내용이면 O표, 틀린 내용이면 X표 하세요.

1. 제주도에서는 고려 시대에도 화산이 폭발했어요. ( )
2. 제주도에 딸린 섬들 가운데 가장 늦게 생긴 섬은 마라도예요. ( )
3. 선사 시대 유적지 빌레못동굴에서 발견된 유적들로 보아 제주도는 선사 시대 한반도와 붙어 있는 육
   지였을 것으로 추정해요. ( )
4. 제주도의 고인돌은 청동기 시대의 것이 아니라 철기 시대의 유물이에요. ( )
5. 탐라국을 세운 세 신인 양을나, 고을나, 부을나는 알에서 태어났어요. ( )
6. 제주도 바닷가의 환해장성은 삼별초군이 처음 쌓았어요. ( )
7. 제주도의 몽골인 목호들은 원나라가 멸망한 뒤에도 제주도를 지배했어요. ( )
8. 조선 시대에 제주도 사람들은 마음대로 육지에 드나들 수 있었어요. ( )
9. '이재수의 난'이라 불리는 신축년농민항쟁은 미국 함대가 출동해 진압했어요. ( )
10. 태평양 전쟁이 막바지에 이르자 일본군은 제주도 전체를 군사 요새로 만들었어요. ( )

③ 지도 위에 표시해 보세요.

다음 지도에서 표시된 곳과 관련 있는 것을 보기 에서 골라 ( ) 안에 써 넣으세요.

보기   조천 독립만세 운동, 평화박물관, 하멜 상선 전시관, 추사유배지

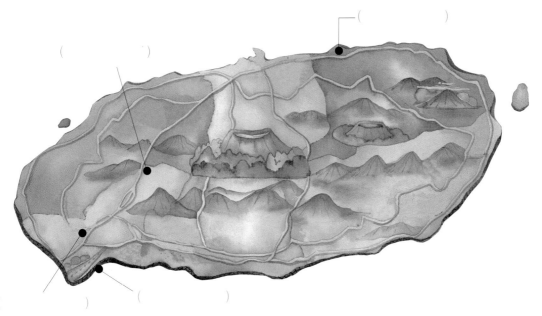

정답은 112쪽에

나는 제주도 박사!

④ 무엇에 대한 설명일까요?

다음 설명은 무엇에 대한 것인지 보기 에서 적절한 것을 찾아 써 넣으세요.

보기

| 돌하르방 | 삼사석 | 주상 절리 | 오름 | 외돌개 | 환해장성 |

1. 화산 폭발로 생겨난 작은 봉우리예요. '기생화산', 또는 '측화산'이라고도 한답니다. (   )

2. 마치 사람이 정교하게 다듬어 놓은 듯한 사각형, 또는 육각형의 돌기둥으로 제주도 해안에는 이 돌기둥들이 빼곡하게 서 있는 데가 여러 곳 있어요. (   )

3. 배를 타고 들어오는 외적을 막기 위해 제주도의 해안을 따라가며 쌓은 돌성이에요. 총 길이는 300여 리, 즉 120킬로미터에 이른다고 해요. (   )

4. 탐라국을 세운 양을나, 고을나, 부을나 세 신인이 제각기 다스릴 땅을 정하기 위해 활을 쏘았는데, 그때 세 신인이 쏜 화살이 박힌 과녁 돌이에요. (   )

5. 고려 시대에 반란을 일으킨 몽골인 목호들이 서귀포 앞바다의 범섬으로 숨어들자 고려군이 덩치 큰 장수로 변장시켰던 바위예요. (   )

6. 육지의 돌장승과 같은 역할을 한답니다. 즉 마을의 동구나 성문 밖에 서서 나쁜 귀신이나 잡신이 들어오는 것을 막는 일이 주된 임무예요. (   )

⑤ 적절한 지명을 쓰세요.

다음 (   ) 안에 늘어갈 적절한 지명을 보기 에서 골라 쓰세요.

보기   삼양동 마을 유적, 고산리 유적지, 상모리 유적지

1. 제주도의 신석기 시대를 기원전 1만 년까지 끌어올린 유물은 (   )에서 발굴되었어요.

2. 제주도의 청동기 시대를 잘 보여 주는 생활 유적이 발견된 곳은 서귀포시 대정읍의 (   )예요.

3. 기원전 100년 전 청동기 시대부터 초기 철기 시대까지의 사람들이 살았던 (   )은 대규모 마을 유적으로 확인됐어요.

❻ 십자말풀이를 해 보세요.

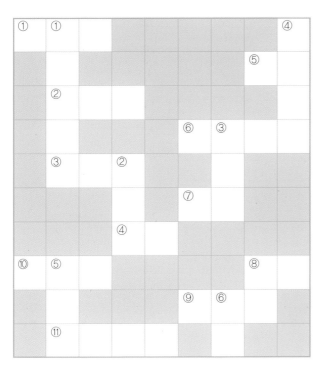

〈가로 열쇠〉

1. 탐라국의 시조인 양을나, 고을나, 부을나 세 신인이 솟아났다는 구멍이에요.
2. 조선 시대에 지금의 성읍민속마을에 들어섰던 정의현의 현청 건물을 말해요.
3. 조선 시대에 세금을 거두는 관리를 말해요. 이들의 부패는 '이재수의 난'이 일어나게 된 원인 중의 하나예요.
4. 옛날 제주도의 집에 걸쳐 놓아 집주인의 상태를 표시한 세 개의 나무예요.
5. 화산암의 분화구에서 뿜어 나온 마그마를 가리켜요.
6. 침략군이 남의 나라를 공격하기에 좋은 최전방 지역에 설치한 군사 기지를 말해요.
7. 조선 시대에 조정의 중신이나 선비들이 정치적 반대파에게 몰려서 큰 화를 입었던 일을 가리켜요.
8. 옛날에 여러 사람이 서명한 고소장이나 청원장의 맨 첫 머리에 이름을 적는 사람을 말해요.
9. 나라에 외적이 침입해 올 때 불과 연기로써 신호를 보내던 곳이에요. 낮에는 토끼 똥을 태운 연기로, 밤에는 불로 신호를 보냈어요.
10. 추사 김정희가 제자 이상적의 한결같은 마음에 감동해

그려 준 그림으로 우리나라 문인화의 대표작이에요.
11. 한라산 정상의 백록담보다도 17미터나 더 깊은 분화구가 있는 오름이에요. 분화구 안에는 420여 종의 다양한 식물이 자라고 있어요.

〈세로 열쇠〉

1. 이곳에서 아침 해가 떠오르는 광경은 영주십경 중에서도 첫 번째로 꼽혀요.
2. 제주도에서 가장 오래된 건물이에요. 처음에는 군사훈련장으로 사용하기 위해 지어졌어요.
3. 모든 시설이나 물자를 적군이 이용할 수 없도록 모조리 파괴하거나 불질러 없애는 것을 말해요.
4. 화산 폭발로 인해 많은 용암이 흘러나와 생겨난 땅이에요.
5. 제주도의 한복판에 솟아 있는 산으로 옛날부터 삼신산의 하나였어요.
6. 고려 시대와 조선 시대에 어느 한 고을의 최고 관리를 통틀어 이르는 말이에요. 절도사, 관찰사, 부윤, 목사, 부사, 군수, 현간, 현령 등이 여기에 포함돼요.

☞ 정답은 112쪽에

견학 기록문을 써 봐요

제주도 역사 기행을 잘 마쳤어요. 여행을 하면서 가장 기억에 남는 곳이 있을 거예요. 지금부터 견학 기록문을 쓰는 방법을 알아봐요.

견학 기록문은 어떤 글일까요?

어떤 곳을 여행하거나 방문하여 보고, 듣고, 느낀 것을 기록하는 글을 말해요. 여행을 하면서 메모장을 준비하여 새롭게 알게 된 사실이나 느낀 점들을 적어 두면 기행문을 쓸 때 도움이 된답니다. 견학 기록문은 편지, 일기, 감상문, 보고서 등 다양한 형식으로 쓸 수 있어요.

어떤 내용으로 쓸까요?

'여행을 떠나기 전, 여행을 다니면서, 그리고 여행에서 돌아와서'와 같이 크게 세 부분으로 나누어 볼 수 있어요.

먼저, 여행을 하게 된 이유나 목적, 여행을 위하여 준비한 자료, 여행지에 대한 기대감, 여행 준비를 하면서 있었던 일 등을 적어요.

둘째, 보고 들은 것을 시간의 순서대로 정리하여 적어요. 그리고 새로이 알게 된 것이나 떠나기 전에 생각했던 것과 어떻게 다른지 쓰는 것도 좋아요. 물론 여행한 곳의 풍경이나 색다른 풍습에 대한 설명도 적으면 더욱 좋겠지요. 만약 여행지가 역사적인 의미를 간직한 곳이라면 역사적 사실과 지역적 특성도 써 주면 글을 읽는 사람들이 그곳을 이해하는 데 도움이 될 거예요. 여행을 하면서 특별히 겪은 일도 써 보아요.

셋째, 여행을 마치고 나서 가장 기억에 남는 일은 무엇인지, 가장 즐겁고 재미있었던 일은 무엇인지, 여행하면서 느끼고 생각한 것들을 써요.

견학 기록문에는 이런 내용을 넣으면 더 좋아요!

하나 언제, 어디로, 누구와 여행을 갔었는지, 또 그곳에 왜 가게 되었으며 어떻게 갔었는지에 대해 써요.

둘 시간의 흐름대로 보고 들은 것을 정리해서 써요.

셋 여행한 곳에서 찍은 사진, 안내문, 그림엽서, 입장권, 우표 등을 붙여요.

넷 기억에 남는 것을 그림으로 그려도 돼요.

제목
견학한 곳의 지명이나 명칭을 써요.

가마오름 (평화 박물관)에 다녀와서

처음 부분
여행지(견학한 곳)에 가게 된 동기나 그곳에 대해 알고 있었던 것을 써요.

일본이 제국때 많은 군사용 땅굴을 만들었다고 한다. 오라는 가마오름에 있는 땅굴에 가 보기로 했다.

남제주군 한경면 청수리에 있는 가마오름에 도착하니 평화박물관이 눈에 들어왔다. 박물관 영상관에서 일제 강점기때 땅굴을 파던 할아버지들의 직접 동영상 자료를 보았다. 영상관에서 전시관을 둘러 본 다음, 가마오름에 올라갔다. 땅굴 안은 어둡고 좁았다. 이렇게 깜깜한 곳에서 밤마다 땅굴을 팠다니! 이곳에 강제로 끌려왔던 사람들을 생각하니 일본이 밉다는 생각이 들었다.

중간 부분
견학한 곳에 도착했을 때 눈에 들어온 풍경이나 건물에 대한 느낌을 쓰고, 그곳에서 보고, 들은 것을 써요.

우리나라에 다시는 전쟁이 일어나지 않기를 바라는 마음으로 평화박물관을 나섰다.

끝부분
견학을 마친 뒤 생각한 것이나 새롭게 알게 된 점을 써요.

정답

 여기서 잠깐!

23쪽 ④

25쪽 ③

29쪽 빌레못동굴에서 황색곰과 순록의 뼈가 발견된 것으로 보아 선사 시대에는 제주도가 한반도와 붙어 있는 육지였을 것으로 볼 수 있다.

49쪽 ③

55쪽 제주도

57쪽 ②

73쪽 1, 4, 5

77쪽 ⑤

81쪽 ①, ④, ⑤

97쪽 ⑤

나는 제주도 박사!

❶ 알맞게 연결해 보세요.

옹관묘		선사 시대
북촌리 바위그늘 유적		선사 시대
알뜨르 비행장 터		탐라국 시대
추사 김정희의 유배지		조선 시대
항파두리성		일제 강점기
삼양동 마을 유적		조선 시대
관덕정		고려 시대

❷ 맞으면 O, 틀리면 x표 하세요.

다음 내용을 읽고, 맞는 내용이면 O표, 틀린 내용이면 x표 하세요.

1. 제주도에서는 고려 시대에도 화산이 폭발했어요. (O)
2. 제주도에 딸린 섬들 가운데 가장 늦게 생긴 섬은 마라도예요. (X)
3. 선사 시대 유적지 빌레못동굴에서 발견된 유적들로 보아 제주도는 선사 시대 한반도와 붙어 있는 육지였을 것으로 추정해요. (O)
4. 제주도의 고인돌은 청동기 시대의 것이 아니라 철기 시대의 유물이에요. (O)
5. 탐라국을 세운 세 신인 양을나, 고을나, 부을나는 알에서 태어났어요. (X)
6. 제주도 바닷가의 환해장성은 삼별초군이 처음 쌓았어요. (X)
7. 제주도의 몽골인 목호들은 원나라가 멸망한 뒤에도 제주도를 지배했어요. (O)
8. 조선 시대에 제주도 사람들은 마음대로 육지에 드나들 수 있었어요. (X)
9. '이재수의 난'이라 불리는 신축년농민항쟁은 미국 함대가 출동해 진압했어요. (X)
10. 태평양 전쟁이 막바지에 이르자 일본군은 제주도 전체를 군사 요새로 만들었어요. (O)

❸ 지도 위에 표시해 보세요.

다음 지도에서 표시된 곳과 관련 있는 것을 ( ) 안에 써 넣으세요.

보기 조천 독립만세 운동, 평화박물관, 하멜 상선 전시관, 추사유배지

(조천 독립만세 운동)
(평화박물관)
(추사유배지)
(하멜 상선 전시관)

❹ 무엇에 대한 설명일까요?

다음 설명은 무엇에 대한 것인지 보기 에서 적절한 것을 찾아 써 넣으세요.

보기

돌하르방 삼사석 주상 절리 오름 외돌개 환해장성

1. 화산 폭발로 생겨난 작은 봉우리예요. '기생화산', 또는 '측화산'이라고도 한답니다. (오름)
2. 마치 사람이 정교하게 다듬어 놓은 듯한 사각형, 또는 육각형의 돌기둥으로 제주도 해안에는 이 돌기둥들이 빼곡하게 서 있는 데가 여러 곳 있어요. (주상 절리)
3. 배를 타고 들어오는 외적을 막기 위해 제주도의 해안을 따라가며 쌓은 돌성이에요. 총 길이는 300여 리, 즉 120킬로미터에 이른다고 해요. (환해장성)
4. 탐라국을 세운 양을나, 고을나, 부을나 세 신인이 제각기 다스릴 땅을 정하기 위해 활을 쏘았는데, 그때 세 신인이 쏜 화살이 박힌 과녁 돌이에요. (삼사석)
5. 고려 시대에 반란을 일으킨 몽골인 목호들이 서귀포 앞바다의 범섬으로 숨어들자 고려군이 덩치 큰 장수로 변장시켰던 바위예요. (외돌개)
6. 육지의 돌장승과 같은 역할을 한답니다. 즉 마을의 동구나 성문 밖에 서서 나쁜 귀신이나 잡신이 들어오는 것을 막는 일이 주된 임무예요. (돌하르방)

❺ **적절한 지명을 쓰세요.**

다음 ( ) 안에 들어갈 적절한 지명을 **보기** 에서 골라 쓰세요.

> **보기** 삼양동 마을 유적, 고산리 유적지, 상모리 유적지

1. 제주도의 신석기 시대를 기원전 1만 년까지 끌어올린 유물은 (고산리 유적지)에서 발굴되었어요.

2. 제주도의 청동기 시대를 잘 보여 주는 생활 유적이 발견된 곳은 서귀포시 대정읍의 (상모리 유적지)예요.

3. 기원전 100년 전 청동기 시대부터 초기 철기 시대까지의 사람들이 살았던 (삼양동 마을 유적)은 대규모 마을 유적으로 확인됐어요.

❻ **십자말풀이를 해 보세요.**

①삼	①성	혈						④용
산						⑤용	암
②일	관	헌					대
출			⑥전	③초	기	지
③봉	세	②관		토
	덕	⑦사	화
	④징	낭
⑩세	⑤한	도		⑧장	두
라		⑨봉	⑥수	대
⑪산	굼	부	리	령

113

초등학교 교과서와 관련된 학년별 현장 체험학습 추천 장소

1학년 1학기 (21곳)	1학년 2학기 (18곳)	2학년 1학기 (21곳)	2학년 2학기 (25곳)	3학년 1학기 (31곳)	3학년 2학기 (37곳)
철도박물관	농촌 체험	소방서와 경찰서	소방서와 경찰서	경희대자연사박물관	IT월드(과천정보나라)
소방서와 경찰서	광릉	서울대공원 동물원	서울대공원 동물원	광릉수목원	강원도
시민안전체험관	홍릉 산림과학관	농촌 체험	강릉단오제	국립민속박물관	경희대자연사박물관
천마산	소방서와 경찰서	천마산	천마산	국립서울과학관	광릉수목원
서울대공원 동물원	월드컵공원	남산골 한옥마을	월드컵공원	국립중앙박물관	국립경주박물관
농촌 체험	시민안전체험관	한국민속촌	남산골 한옥마을	기상청	국립고궁박물관
코엑스 아쿠아리움	서울대공원 동물원	국립서울과학관	한국민속촌	서대문자연사박물관	국립국악박물관
선유도공원	우포늪	서울숲	농촌 체험	선유도공원	국립부여박물관
양재천	철새	갯벌	서울숲	시장 체험	국립서울과학관
한강	코엑스 아쿠아리움	양재천	양재천	신문박물관	남산
에버랜드	짚풀생활사박물관	동굴	선유도공원	경상북도	남산골 한옥마을
서울숲	국악박물관	고성 공룡박물관	불국사와 석굴암	양재천	롯데월드 민속박물관
갯벌	천문대	코엑스 아쿠아리움	국립중앙박물관	경기도	국립민속박물관
고성 공룡박물관	자연생태박물관	옹기민속박물관	국립민속박물관	이화여대자연사박물관	삼성어린이박물관
서대문자연사박물관	세종문화회관	기상청	전쟁기념관	전쟁기념관	서대문자연사박물관
옹기민속박물관	예술의 전당	시장 체험	판소리	천마산	선유도공원
어린이 교통공원	어린이대공원	에버랜드	DMZ	한강	소방서와 경찰서
어린이 도서관	서울놀이마당	경복궁	시장 체험	화폐금융박물관	시민안전체험관
서울대공원		강릉단오제	광릉	호림박물관	경상북도
남산자연공원		몽촌역사관	홍릉 산림과학관	홍릉 산림과학관	월드컵공원
삼성어린이박물관		국립현대미술관	국립현충원	우포늪	육군사관학교
			국립4·19묘지	소나무 극장	해군사관학교
			지구촌민속박물관	예지원	공군사관학교
			우정박물관	자운서원	철도박물관
			한국통신박물관	서울타워	이화여대자연사박물관
				국립중앙과학관	제주도
				엑스포과학공원	천마산
				올림픽공원	천문대
				전라남도	태백석탄박물관
				경상남도	판소리박물관
				허준박물관	한국민속촌
					임진각
					오두산 통일전망대
					한국천문연구원
					종이미술박물관
					짚풀생활사박물관
					토탈야외미술관

4학년 1학기 (34곳)	4학년 2학기 (56곳)	5학년 1학기 (35곳)	5학년 2학기 (51곳)	6학년 1학기 (36곳)	6학년 2학기 (39곳)
강화도	IT월드(과천정보나라)	갯벌	IT월드(과천정보나라)	경기도박물관	IT월드(과천정보나라)
갯벌	강화도	광릉수목원	강원도	경복궁	KBS 방송국
경희대자연사박물관	경기도박물관	국립민속박물관	경기도박물관	덕수궁과 정동	경기도박물관
광릉수목원	경복궁 / 경상북도	국립중앙박물관	경복궁	경상북도	경복궁
국립서울과학관	경주역사유적지구	기상청	덕수궁과 정동	고성 공룡박물관	경희대자연사박물관
기상청	경희대자연사박물관	남산골 한옥마을	경상북도	국립민속박물관	광릉수목원
농촌 체험	고창, 화순, 강화 고인돌유적	농업박물관	경희대자연사박물관	국립서울과학관	국립민속박물관
서대문자연사박물관	전라북도	농촌 체험	고인쇄박물관	국립중앙박물관	국립중앙박물관
서대문형무소역사관	고성 공룡박물관	서울국립과학관	충청도	농업박물관	국회의사당
서울역사박물관	충청도	서울대공원 동물원	광릉수목원	롯데월드 민속박물관	기상청
소방서와 경찰서	국립경주박물관	서울숲	국립공주박물관	몽촌토성과 풍납토성	남산
수원화성	국립민속박물관	서울시청	국립경주박물관	민주화현장	남산골 한옥마을
시장 체험	국립부여박물관	서울역사박물관	국립고궁박물관	백범기념관	대법원
경상북도	국립서울과학관	시민안전체험관	국립민속박물관	서대문자연사박물관	대학로
양재천	국립중앙박물관	경상북도	국립서울과학관	서대문형무소 역사관	민주화 현장
옹기민속박물관	국립국악박물관 / 남산	양재천	국립중앙박물관	서울역사박물관	백범기념관
월드컵공원	남산골 한옥마을	강원도	남산골 한옥마을	조선의 왕릉	아이스월드
철도박물관	농업박물관 / 대법원	월드컵공원	농업박물관	성균관	서대문자연사박물관
이화여대자연사박물관	대학로	유명산	롯데월드 민속박물관	시민안전체험관	국립서울과학관
천마산	롯데월드 민속박물관	제주도	충청도	경상북도	서울숲
천문대	몽촌토성과 풍납토성	짚풀생활사박물관	서대문자연사박물관	암사동 선사주거지	신문박물관
철새	불국사와 석굴암	천마산	성균관	운현궁과 인사동	양재천
홍릉 산림과학관	서대문자연사박물관	한강	세종대왕기념관	전쟁기념관	월드컵공원
화폐금융박물관	서울대공원 동물원	한국민속촌	수원화성	천문대	육군사관학교
선유도공원	서울숲	호림박물관	시민안전체험관	철새	이화여대자연사박물관
독립공원	서울역사박물관	홍릉 산림과학관	시장 체험 / 신문박물관	청계천	중남미박물관
탑골공원	조선의 왕릉	하회마을	경기도	짚풀생활사박물관	짚풀생활사박물관
신문박물관	세종대왕기념관	대법원	강원도	태백석탄박물관	창덕궁
서울시의회	수원화성	김치박물관	경상북도	해인사 고려대장경과 장경판전	천문대
선거관리위원회	승정원 일기 / 양재천	난지하수처리사업소	옹기민속박물관	호림박물관	우포늪
소양댐	옹기민속박물관	농촌, 어촌, 산촌 마을	운현궁과 인사동	유니세프 한국위원회	판소리박물관
서남하수처리사업소	월드컵공원	들꽃수목원	육군사관학교	무령왕릉	한강
중랑구재활용센터	육군사관학교	정보나라	이화여대자연사박물관	현충사	홍릉 산림과학관
중랑하수처리사업소	철도박물관	드림랜드	전라북도	덕포진교육박물관	화폐금융박물관
	이화여대자연사박물관	국립극장	전쟁박물관	서울대학교 의학박물관	훈민정음
	조선왕조실록 / 종묘		창경궁 / 천마산	상수허브랜드	상수도연구소
	종묘제례		천문대		한국자원공사
	창경궁 / 창덕궁		태백석탄박물관		동대문소방서
	천문대 / 청계천		한강		중앙119구조대
	태백석탄박물관		한국민속촌		
	판소리 / 한강		해인사 고려대장경과 장경판전		
	한국민속촌		화폐금융박물관		
	해인사 고려대장경과 장경판전		중남미문화원		
	호림박물관		첨성대		
	화폐금융박물관		절두산순교성지		
	훈민정음		천도교 중앙대교당		
	온양민속박물관		한국에너지기술연구원		
	아이스월드		한국자수박물관		
			초전섬유퀼트박물관		

사진 및 그림

양영훈 2쪽(좌보미오름에서 본 한라산), 6~7쪽(아부오름 분화구), 10~11쪽(전체), 13쪽(오백장군), 14~18쪽(전체), 21~25쪽(전체), 27쪽(한라산 고지대 구상나무와 구상나무 열매), 28~31쪽(전체), 34~44쪽(전체), 45쪽(삼성혈, 혼인지, 삼사석), 48쪽(환해장성), 51쪽(붉은오름), 52쪽(전체), 54쪽~63쪽(전체), 68~80쪽(전체), 89~92쪽(전체), 93쪽(송악산 일오동굴, 황우지 해안의 인공동굴), 102쪽(제주특별자치도 민속자연사박물관 야외 전시장 동자석들), 103쪽 (국립제주박물관 전경과 입구에 전시된 덕판배, 스테인드글래스로 된 천장)

제주특별자치도청 27쪽(유네스코 실사단 모습)

제주돌문화공원 13쪽(설문대할망 페스티벌), 104쪽(제주돌문화공원 전경, 전통 초가 두거리집)

제주4·3평화기념관 94~95쪽(4·3 평화 위령제단, 전시관 내부 전체), 98쪽(백조일손지묘)

평화박물관 99쪽(세계평화의 섬 기념비)

신우영 45쪽(주거굴), 49쪽(항파두리성), 51쪽(항몽유적지), 86~87쪽(제주 항일 기념관, 3·1운동 기념탑), 93쪽(평화박물관 전시관 내부와 땅굴파는 모습 디오라마), 94쪽(제주 4·3사건 위령탑), 98쪽(너븐숭이 애기무덤 유적지 전체), 102쪽(제주특별자치도 민속자연사박물관 전경)

숙제를 돕는 사진

한라산 정상

만장굴의 거북바위

정방폭포

한라산 영실의 오백장군

주상 절리

혼인지